PROTAGONISTAS DE AMERICA

historia 16
Quorum

1492 - 1992

JUAN DE GARAY

Eduardo Tijeras

historia 16
Quorum

1492 - 1992

Idea y dirección: Javier Villalba

Diseño de portada: Batlle-Martí
I.S.B.N.: 84-7679-022-8 obra completa.
I.S.B.N.: 84-7679-037-6 volumen.
Depósito legal: M-1168-1987
Impreso en España - *Printed in Spain.*
Edición para Iberoamérica CADE S.R.L.
Impreso abril 1987.
Fotocomposición: VIERNA, S. A. Drácena, 38. 28016 Madrid.
Impresión y encuadernación: TEMI, Paseo de los Olivos, 89. 28011 Madrid.

JUAN DE GARAY

¿Y fue por este río de sueñera y de barro
que las proas vinieron a fundarme la patria?
Irían a los tumbos los barquitos pintados
entre los camalotes de la corriente zaína.

Jorge Luis Borges

FUNDACION DE BUENOS AIRES

En las breves estrofas que componen el poema *Fundación mítica de Buenos Aires,* del libro *Cuaderno San Martín,* citadas al principio, el escritor porteño Jorge Luis Borges, tras una incursión vertiginosa por las imágenes líricas devengadas en el tiempo, desde el inmenso río de *sueñera y de barro* al entrañable *almacén rosado* y al primer organito de la tarde, símbolos de identidad urbana, termina diciendo que a él se le hace cuento que empezó Buenos Aires: *La juzgo tan eterna como el agua y el aire.*

Es ciertamente una sensación extraña y emotiva la que se experimenta cuando pensamos que Buenos Aires, en cuyos zagüanes y patios habitó el fervor ciudadano de uno de los productos más refinados de la cultura occidental —el propio Borges—, y que actualmente cobija a millones de individuos de extracción multirracial hablando una misma lengua, y tiene, sumados los alrededores urbanos, algo así como mil doscientos kilómetros cuadrados de superficie, era tan sólo una inabarcable llanura de gramíneas y barro, caballos cimarrones, barrancas y alguna empalizada ruinosa y chamuscada a finales del siglo XVI, cuando el burgalés o vizcaíno —español— Juan de Garay decidió materializar esa eternidad del agua y el aire acometiendo la segunda y definitiva fundación de lo que hoy constituye, sin duda, una de las ciudades más complejas y significadas de todo el continente americano bajo la influencia hispánica o, en otras palabras, la mayor ciudad del mundo de habla española, recargada cosmópolis con una personalidad propia y rica de tradiciones culturales.

La fundación de Buenos Aires —junto con la de Santa Fe— equivale, pues, a uno de los acontecimientos trascendentales en la inagotable odisea de las Indias y, por supuesto, es el elemento catalizador y obvio en la azarosa, esforzada, valiente y fértil vida del hidalgo Juan de Garay, guerrero, gobernante y fundador —fundador dentro de una estirpe de fundadores— que, siguiendo la determinante marcada por la violencia del medio y la incontenible transgresión de los poblamientos originales, murió, como se dice, con las botas puestas en el escenario fluvial de su gesta y de un mazazo en la cabeza, según corresponde al incierto equilibrio de la gloria y la fatalidad.

Si bien el proyecto de estas aproximaciones biográficas impone el tono divulgativo, no por ello se han silenciado las fuentes, que de manera sucinta quedan incorporadas al texto y a la somera bibliografía. Por último, es claro que las citas de los textos originales han sido modernizadas en su ortografía para facilitar la lectura.

FORMACION

Salvo lo más importante y definitivo, la fundación de Santa Fe y de Buenos Aires y el prestigio de hombre enérgico, noble y prudente, a quien no se le atribuye ninguna especial iniquidad dentro de la amalgama de muerte airada y progreso que supuso la totalidad del descubrimiento, conquista y colonización de América por los españoles, casi todo lo demás que atañe al capitán general Juan de Garay es objeto de duda y apasionada discusión entre los historiadores, la cual se aviva y dinamiza en función, naturalmente, de la calidad del personaje y de la obra realizada, que alimenta el deseo de conseguir la mayor fiabilidad en los datos manejados.

Alternativamente, existen dudas, discusión de matices o simple ignorancia en lo referido al lugar y fecha exactos de nacimiento, ascendientes, implicaciones infantiles, número de hijos, sitio concreto donde encontró la muerte, ejecutor o ejecutores, e incluso un retrato al óleo que permaneció hasta 1865 en el convento de San Francisco de Santa Fe requirió minucioso examen especializado para poder establecer su autenticidad, aunque nada de esto impide que sea posible trazar una imagen muy verosímil del conquistador y, por otra parte, son problemas de conocimiento que afectan a la mayoría de los conquistadores. Se ha dicho con razón que la biografía conocida de éstos comienza donde comienza su hazaña, y aun así la turbulencia de la época, el desarraigo y la multiplicidad de acciones, fechas, distancias, caracteres diversos e innumerables etnias indígenas no tiene nada de extraño que introduzcan elementos de confusión en la memoria de la historia, pero es que en el caso de Garay, como en el de Francisco Pizarro o Hernán Cortés, quizá por el volumen de su legado, cobran singular relevancia todos los detalles de su vida, que son discutidos durante centurias, a poco que se perfile una consabida conmemoración o cunda el afán de las identidades nacionalistas.

La acción de Garay al fundar dos espléndidas ciudades australes tiene detrás precisamente la inquietud introspectiva de uno de los pueblos suramericanos que, como el de Argentina, más se ha preguntado sin descanso por su *ser nacional.*

Un posible retrato.– La pintura de (se supone) Juan de Garay hecha quizá del natural por un artista desconocido en las localidades de Chuquisaca o Potosí por los años de 1578 —cuya autenticidad fue aseverada por el religioso e investigador G.I. Romero en 1911 (*Pronuncio mi voto afirmativo sobre esta cuestión tan debatida, sosteniendo que el retrato que poseyó el convento de San Francisco de Santa Fe y que hoy está en poder de don Eduardo Lahitte, representa auténticamente al hidalgo Juan de Garay*)— nos muestra el busto erguido de un caballero con armadura del siglo XVI, golilla, redonda barba entrecana y edad que debe de frisar entre los cuarenta y cinco y cincuenta años, con expresión mitad complacida mitad irónica y mirada abierta y serena bajo las bien pobladas cejas.

Manuel M.Cervera, otro especialista, también conjeturó en dos de sus obras la autenticidad del retrato, mientras Enrique de Gandía no le encuentra mucha base a tales consideraciones. En conjunto, el posible retrato al óleo evidencia a un hombre de buena alzada, todavía apuesto, de temperamento afable o con sentido del humor, no exento de cierta egolatría, contemporizador y directo. Una serie de hipótesis que, como se comprenderá, no tiene mucho valor desde el momento en que la probanza no es rotunda, mas puede permitir una ideación aproximada de la figura física de Garay, en consonancia con sus rasgos caracteriales.

El nacimiento.– Tradicionalmente, salvo impugnaciones ulteriores de mayor o menor poder de convicción, que las hay y muchas, Juan de Garay nació de 1529 a 1530 en Villalba de Losa, adscrita a las Merindades de Castilla, en la provincia de Burgos, hoy inserta en la Comunidad Autónoma de Castilla y León.

Se basa el aserto, como dato de primera fuerza, en una declaración hecha por el propio Garay en Santa Fe, previo juramento y actuando de testigo en un pleito, que empieza en los siguientes términos: *El general Juan de Garay, natural de la villa de Villalba, que es en los reinos de España, y vecino de la ciudad de Santa Fe, que es en las provincias del Río de la Plata...*

Uno de los grandes convencidos y defensores de la castellanía de Garay, Ricardo Olalla Mazón, subraya el hecho de que se trata de una declaración jurada en boca nada menos que de un *capitán general de estas provincias por la majestad del rey don Felipe,* cargo que en buena ley no parece poder admitir muchas veleidades. Se cita también el texto del nombramiento de alguacil mayor de las provincias del Río de la Plata, Paraguay y Paraná que en 1568, en la Asunción, Felipe de Cáceres confirió a Juan de Garay: *...a vos, Juan de Garay, natural del valle de Losa, que es en los reinos de España, que al presente habéis llegado a esta ciudad que es de los reinos del Perú...* Aunque sea un fastidio, no tenemos más remedio que hacernos eco de la controversia.

El apasionado y hasta ditiribámbico trabajo de Olalla tiene carácter reivindicativo del origen burgalés de Juan de Garay y de contrarréplica a las tesis lanzadas por otros tratadistas, capitaneados por el muy experto Enrique de Gandía, quien sostiene que Garay nació realmente en Belandia, un barrio o aldea de Orduña, en Vizcaya, basándose fundamentalmente en el apelativo de *hidalgo vizcaíno* con el que designa a Garay el cronista Ruy Díaz de Guzmán en la *Argentina,* en que la hija del conquistador, Jerónima de Contreras, dijo en su testamento que era hija legítima de Juan de Garay, *natural del Señorío de Vizcaya, y de Isabel de Bece-*

rra, natural de la villa de Medellín y en que los dos documentos donde Garay se declara natural, no nacido, de Villalba de Losa hicieron creer no hubiese nacido en Vizcaya, cuando la palabra *natural,* en el siglo de referencia y según la legislación posterior, no sólo podía significar nacido, sino vecino, propietario de un determinado lugar, sujeto al señor del mismo, etc. Era posible nacer en un lugar y ser natural de otro, si bien la mitad de las veces las dos palabras significan lo mismo y se emplean por redundancia. Conviene señalar que este último punto, refutado por Olalla, es el más débil de la laboriosa argumentación de Gandía, buceador de los archivos más inimaginables y auténtica *rata de biblioteca,* en el sentido más loable, que ha causado con su inquietud por la genealogía de Garay una perturbación en todas las lápidas conmemorativas de Villalba de Losa e influido incluso en los datos biográficos de los diccionarios (véase, por ejemplo, el diccionario enciclopédico de la UTEHA, que dice: *Juan de Garay nació en la aldea de Belandia, municipio vizcaíno de Orduña, y no en Villalba de Losa, Burgos, según opinión de Enrique de Gandía).*

No obstante el río de tinta vertido, de buena voluntad y de lucidez, la pelota del nacimiento de Garay, empleando la expresión popular, sigue en el tejado y, lo que es peor, en un punto muerto. A estas alturas y según los documentos de que se dispone, puesto que no podemos demorarnos excesivamente en el recodo de la polémica ni sería fácil aportar nada nuevo, para determinar la patria solariega de Juan de Garay hace falta proveerse de un artículo de fe.

Dejemos al conquistador de castellano con genealogía vasca o de vasco con raigambre castellana. Al fin y al cabo, entre Villalba y Belandia, los puntos del litigio, no hay más de tres leguas (tres horas a pie, como dice pintorescamente el opositor de la castellanía), salvo que no se puede ignorar, a estos efectos, la importancia preferentemente emocional de las líneas limítrofes regionales y que por medio está el puerto de Orduña.

En resumen se puede deducir que el paisaje, la arquitectura, las costumbres y la emoción del *habitat* que nutrió las emociones de la primera infancia de Juan de Garay tuvieron que ser de parecida traza en un caso y otro.

Mientras en Villalba —expresa Gandía— no existen testimonios de que en ella habitara gente apellidada Garay, en Belandia, donde residían los tíos del niño, existió antes del siglo XVI un castillo perteneciente a unos nobles Garay, tiempo ha destruido. A menos de un centenar de metros se elevaba la ermita de María Magdalena, incendiada durante el siglo XVIII, y *en la cual seguramente fue bautizado Juan de Garay.*

Incluso pudo haber ocurrido —y esta es una variante tan humorística y verosímil como personal— que, en efecto, el conquistador naciera en Belandia y residiera desde tan tierna edad en Villalba, como de hecho residió, que hubiera confundido en los azares de la guerra y del extrañamiento su verdadero origen y su edad exacta. Porque es obvio que hay diferencia entre la persistencia cotidiana y familiar del medio ambiente en que se ha nacido y romper todas las ataduras y lanzarse para siempre, niño aún y huérfano, a la vorágine de América. Por lo demás, la investigación histórica no deja de ser otra vorágine.

La infancia.– De todas formas, por encima del arduo problema de la nacencia, la niñez de Juan de Garay, alejada o huérfana —otro extremo que falta por esclarecer— discurre en Villalba de Losa, bajo el amparo de sus tíos don Pedro Ortiz de Zárate y doña Catalina de Uribe y Salazar, que le dieron tratamiento de hijo menor (no todos los historiadores aceptan el apellido Ortiz para el tío, con lo que vendría a llamarse Pedro de Zárate).

Por aquella época Villalba, con el humilde y sombrío empaque castellano, tendría unas veinte o treinta casas. Actualmente sigue perteneciendo al partido judicial de Villarcayo y posee dos centenares y medio de habitantes. En la rústica escuela de la villa, pagada en especie cerealista por los vecinos, debió de recibir el niño sus primeras instrucciones, aunque tan importante como las enseñanzas impartidas en la escuela es el espíritu de entonación cristiana y austera que impera en el hogar y la atmósfera culta de la familia con la que se crió.

Olalla Mazón se refiere a las *ordenanzas* que, emanadas de la alcaldía mayor de la Merindad, regían las libertades y obligaciones de todos estos pueblos (nadie será osado *a desmesurar unos contra otros, ni decir palabras descorteses, ni de mala crianza, so pena de que cada palabra descortés que se diga en la Junta General pague la pena de cien maravedís...)* y se aventura a decir que en ellas aprendió Garay su primera gran lección: *Si el asistente sacare armas, tirare piedras o diera con palo o amagare dar con él, pague trescientos maravedís por cada cosa de ellas, y si no lo pagare o diere prenda al regidor o fiel, pagará además de la pena otros cien maravedís.*

Se quiere pensar, en la lógica de que las iniciales informaciones externas condicionan el carácter pero realmente alentado en los rasgos ulteriores, que las ordenanzas por las que se gobernaban las Merindades de Castilla problamente alcanzaron a influir en la formación de Juan de Garay, en su rectitud y lealtad.

Respecto a las influencias formativas nos parece más decisivo la posición social y política de su tío, Pedro Ortiz de Zárate, que era de familia hidalga, cristiano viejo, curtido en leyes, con el hijo primero estudiante en la Universidad de Salamanca y que desempeñó el cargo de alcalde mayor en Segovia, por todo lo cual es fácil atribuirle virtudes de reciedumbre moral y costumbres austeras y que éstas se trasmitieran al sobrino, aunque tampoco conviene abandonarse demasiado al socorrido tópico de exaltar las *glorias patrias,* pues sabemos de sobra que las guerras de dominio y el ejercicio del poder se rigen por coordenadas mucho menos complacientes con el rigor de las tradiciones y el gusto de los ideales.

La relación de Ortiz de Zárate con las tareas de gobierno municipal y los vínculos de su hijo, también llamado Pedro, con el medio universitario permitirían que las noticias del mundo llegaran hasta la aldea y que los oídos del niño Juan de Garay estuvieran familiarizados con las historias y leyendas gestadas en el Nuevo Mundo, por lo que debió de crecer en una atmósfera propicia a lo que luego se convertiría en la enorme aventura de cruzar el Atlántico y guerrear con los indios.

No es fácil resistir la tentación de imaginarse al niño oyendo el relato de las gestas de Indias al lado del fogón con el aullido de algún lobo en la montaña fría, o imaginárselo durante los juegos infantiles capturando cangrejos y ranas en el riacho próximo.

EL RUMBO DE LAS AMERICAS

El licenciado Zárate, cuyo sobrino soy yo, primer oidor de la ciudad de los Reyes, que vino con el virrey Blasco Núñez de Vela, me trajo consigo de edad de trece a catorce años. Estas palabras las escribiría el propio Garay desde Santa Fe en carta a Felipe II con fecha 20 de abril de 1582. Constituyen el documento básico para establecer las condiciones y la fecha de la partida del fundador de Buenos Aires hacia América, junto a las de Agustín de Zárate, contador de mercedes del emperador en su célebre *Historia del descubrimiento y conquista de la provincia del Perú* (Amberes, 1555), viajero en la misma expedición importante —más de treinta naves y cerca de mil pasajeros entre soldados, sacerdotes y pobladores de uno y otro sexo— del virrey Blasco Núñez de Vela: *Todos se hicieron a la vela en el puerto de Sanlúcar de Barrameda el primer día del mes de noviembre del año 43.*

En la flota del virrey, con el matrimonio Ortiz de Zárate, también embarcaron sus tres hijos: Pedro, el estudiante de Salamanca, con iguales apellidos que el padre; Francisco de Uribe, que había tomado el apellido materno, y Ana de Salazar, asimismo apellidada por línea materna. Redondeaban el clan familiar una primita, Lucía de Luyando, que luego casó con Pedro de Zárate para enviudar presto, y el jovencísimo Juan de Garay, nieto y primo que, como hemos visto, salió de Sanlúcar de trece o catorce años en 1543, rumbo al Perú, al puerto de la ciudad de los Reyes, con primera escala americana en Nombre de Dios, y partieron *al reír del alba,* según la expresión de El Palentino, cuando las aves migratorias cruzan el cielo en busca de climas aún más cálidos.

Rasgos de la época. – Un año antes de la partida de Núñez de Vela, en 1542, el emperador Carlos I había firmado en Barcelona, previo asesoramiento del Consejo de Indias y en el espíritu de las denuncias obstinadas de fray Bartolomé de Las Casas sobre el mal trato dado a los indios, una serie de nuevas y rigurosas leyes y ordenanzas para el mejor gobierno de aquellas tierras envueltas en cruentas guerras civiles e injusticias sin fin.

La ejecución de las nuevas ordenanzas exigía la presencia de un hombre enérgico e investido de autoridad fresca, y esta necesidad encarnó en Núñez de Vela, que se hizo a la mar a título de primer virrey del Perú, asistido por cuatro oidores, entre ellos el mencionado tío de Garay, Pedro Ortiz de Zárate, y tuvo que hacer frente a los trágicos acontecimientos derivados de la enemistad entre Francisco Pizarro y Diego de Almagro, especialmente a la rebelión de Gonzalo Pizarro contra las nuevas ordenanzas en la denominada guerra de Quito (1544-1546), no sin antes ganarse por su celo en servir las disposiciones del emperador el verdadero aborrecimiento de todo el mundo, encomenderos, conquistadores, soldados y clérigos, también de los propios oidores, hasta morir en la batalla de Quito (Añaquito) y hacerse digno de la decapitación.

En la falta de entendimiento de los oidores con el virrey, el tío de Garay, con mayor o menor aquiescencia, secundó la actitud de sus iguales en el cargo, Diego de Cepeda, el doctor Lisón de Tejada y el licenciado Juan Alvarez, los cuales encarcelaron al virrey Núñez de Vela con la primera intención de enviarlo a España custodiado para que rindiera cuentas al emperador.

El licenciado Zárate, al decir de su homónimo Agustín de Zárate, el *contador mayor de cuentas* del emperador y uno de los historiadores veraces de los sucesos peruanos, *siempre estuvo muy entero en el servicio de Su Majestad* y adquirió fama de persona equilibrada y honorable, pero su mala salud e inadaptación a la naturaleza fuerte del medio le impidieron desempeñar un papel más activo o decisorio. No obstante, fue uno de los que tuvieron el prurito de protestar por el nombramiento de gobernador que Gonzalo Pizarro se hizo otorgar. Y el dicho Pizarro, según López de Gómara, casó a su hermanastro Blas de Soto con doña Ana de Salazar, hija del oidor Zárate, *para tenerlo de su mano, aunque por vía de temor poco caso hacía de él, pues andada muy malo.* El consentimiento de Ana para ese enlace, en contra de los deseos de su padre, debió de obedecer a un caso de amor.

Los males del oidor Zárate tuvieron un rápido resultado. Murió en 1547. Incluso corrió el rumor de que lo habían estado envenenando o, al menos, eso se desprende de las palabras del cronista: *Gonzalo Pizarro andaba tan recatado que, estando enfermo el licenciado Zárate (cuya intención había sentido en muchos negocios ser contra él), aunque tenía su hija casada con su hermano, le hizo dar unos polvos para remedio de su enfermedad, con los cuales, según se tuvo por cierto y lo dijeron después algunos criados de Gonzalo Pizarro, le mató; como quiera que sea se mostró holgado con su muerte.* La versión del envenenamiento se considera un tanto inverosímil, y bien pudo ocurrir que la administración de esos *polvos* tuviera en principio otra intención benéfica, sin perjuicio de que Pizarro obtuviera beneficio político con la muerte del oidor.

De cuantos españoles han gobernado el Perú —dice López de Gómara oracularmente— *no ha escapado ninguno, excepto La Gasca, de ser por ello muerto o preso, lo cual no se debe echar en olvido.* Juan de Garay se crió en esta turbulencia. A la muerte de su tío y protector, siendo ya mozo de dieciocho o diecinueve años, siguió la misma trayectoria emprendida por sus primos, dedicados a la carrera de las armas, y sirvió en la compañía de Martín de Robles, a quien había conocido como visitante en casa de su tío. Martín de Robles era uno de los capitanes que, junto a los oidores, había intervenido en la deposición del virrey Núñez de Vela y en batallas célebres, tal como la de Jaquijaguana, donde por deducción lógica hubo de participar o estar Juan de Garay.

Ocupado en la guerra de Alemania contra los luteranos —*engolfado,* dice Gómara—, pero inquieto también por las perturbaciones de sus ricas tierras de ultramar —prisión del virrey, alzamiento de Gonzalo Pizarro—, y puesto que el rigor violento de Núñez de Vela fue contraproducente, el emperador Carlos I y V de Alemania encontró la manera de enviar con plenos poderes al virreinato del Perú la persona idónea representada en el licenciado Pedro La Gasca, un clérigo del Consejo de la Inquisición dotado de probada prudencia y sagacidad, que paulatinamente consiguió aislar al rebelde y vencerlo en la batalla de Jaquijaguana, la cual, por cierto, casi no se llegó a dar y estuvo más llena de traiciones que de entrechocar de armas. Fue decisiva para la pacificación del virreinato. Gonzalo Pizarro, con su particular sentido del honor, optó por rendirse antes que huir. Esto le costó la vida. Su cabeza fue expuesta en la plaza de los Reyes de Lima como recuerdo ejemplarizador de una insensata rebeldía contra la legitimidad del poder delegado o intermediario —no contra la entidad suprema del emperador— y su consiguiente derrota en el valle cuzqueño de Jaquijaguana (o Xaquixajuana) en 1548. Entre otras muchas medidas, La Gasca envió al Cuzco al capitán Martín de Robles al frente de su compañía, en la que militaba Juan de Garay, para que prendiese a los huidos y preservara la ciudad del fuego y el saqueo.

Conviene tener en cuenta que en calidad de protagonista y directo inductor de la reseña histórica, el nombre de Juan de Garay no aparece en las crónicas hasta bastante más tarde, cuando se orienta hacia las regiones del Río de la Plata, y que por ahora la —un tanto penosa— reconstrucción de su vida sólo se basa en algunas alusiones epistolares y en la inexcusable metodología de asociar fechas y actividades de otros personajes con él relacionados, según aconseja el sentido común, pero es cierto —con palabras de un investigador tan minucioso como Enrique de Gandía— que *los puntos capitales de la biografía de Garay han estado rodeados de tinieblas y han sido objeto de apasionadas discusiones.* No digamos nada de los puntos marginales. De aquí que las expresiones titubeantes o cautelosas estén muchas veces justificadas, so pena de caer en la hibridez gratificante de ese género literario denominado historia o biografía novelada a que tan sustancialmente se presta la vida arriscada de estos controvertidos personajes.

Referirse a los conquistadores en términos generales es válido por cuanto en todos concurren los mismos afanes, ambición de poder y riqueza, fe evangelizadora no exenta tanto de crueldad como de nobleza, genio militar, valor temerario, estupefacientes peregrinajes bajo las mayores inclemencias y noción absoluta de defensa a una causa —la del rey, la de Dios, la de la gloria— que casi nunca se pone en cuestión, salvo contadas excepciones como el alzamiento de Gonzalo Pizarro, que no trató de impugnar la legitimidad real, o la negación radical en otro orden de Lope de Aguirre (1513-1561), que sí negó rey y Dios y posiblemente sea el primer nihilista blanco de América.

La figura de Juan de Garay está considerada como la última —y excepcional— de todos los conquistadores y sus actividades se corresponden con la tercera y más madura fase de la penetración en América: la fase colonizadora, fundante o de la consolidación.

En este periodo de transición entre la Edad Media y el Renacimiento y después de los viajes y descubrimientos de Cristóbal Colón, la exploración de Cuba por Sebastián de Ocampo y Diego Velázquez de Cuéllar (1512), el descubrimiento de la Florida por Juan Ponce de León (1512), el descubrimiento de la Mar del Sur o Pacífico por Vasco Núñez de Balboa (1513), el descubrimiento del estuario del Río de la Plata por Juan Díaz de Solís (1512), la conquista de México por Hernán Cortés (1519-1521) y la conquista del Perú por Francisco Pizarro (1523-1532) y, mientras llegan los fastos rioplatenses de Juan de Garay, Alvar Núñez Cabeza de Vaca cruza a pie el sureste de Estados Unidos y México, Juan de Ayolas conquista el Paraguay, Hernando de Soto explora el Mississippi, García López de Cárdenas descubre el Gran Cañón del Colorado y Juan Sebastián de Elcano corona en 1522 la expedición iniciada por Fernando de Magallanes dando la primera vuelta al mundo, entre otros grandes aconteceres que dan la pauta de la progresión llevada a cabo por los españoles y algunos extranjeros, pocos, Magallanes, Caboto, Vespucio, el propio Colón, pero navegando siempre bajo estandarte de la corona española.

América —dirá Abel Posse—. *Todo es ansia, jugo, sangre, savia, jadeo, sístole y diástole, alimento y estiércol, en el implacable ciclo de las leyes cósmicas que parecen recién establecidas.* Sesenta años después del primer viaje colombino, a mediados del siglo XVI, según observó el norteamericano F. A. Kirkpatrick, amainó el ímpetu conquistador de España. El imperio adquirió algún tipo de cohesión con sus dos virreinatos que abarcaban extensos territorios. Se creó una vasta red jurídica, comercial y administrativa integrada por capitanes generales, gobernadores, alcaldes, corregidores, colonos, misioneros, científicos, hidalgos ambiciosos, buscadores de fortuna y gentes de toda laya. Las Audiencias, que aunaban las funciones del Tribunal de Justicia y del Consejo de Administración, fueron distribuidas por las capitales más importantes. La estructura de base la constituían los municipios, cada uno con jurisdicción territorial sobre sus vecinos, y el comercio con España y las cuantiosas remesas de minerales preciosos, asociadas al auge del capitalismo europeo y a la inflación galopante, fue regulado a efectos de seguridad y control fiscal.

Sin embargo, otra fase de la conquista, la mayor de todas en sus últimos e imprevisibles resultados, se hallaba aún en vías de desarrollo. Nos referimos, claro está, a la penetración (el descubrimiento ya tiene un cuarto de siglo) laboriosa, dura y al lento dominio de los territorios del Río de la Plata, que requirió el transcurso de dos generaciones, inmensa región de selvas septentrionales flanqueadas al oeste por la cadena de montañas más impresionante y expandida luego por llanos y desiertos ilimitados. *Hoy* —consignó Kirkpatrick, autor de *Los conquistadores españoles— es una de las partes más ricas y preferidas del Nuevo Mundo, destinada a ser por su fertilidad y clima el suelo donde se establezca una gran civilización de tipo europeo.*

En esta fase de exploración y colonización, la de mayor ámbito, influiría poderosamente Juan de Garay, quien mientras tanto, en su juventud de espada al mando de Martín de Robles, con la familia ya disgregada, empieza una nueva vida. No hay muchas referencias. De su carta a Felipe II, fechada en Santa Fe (1582), se desprende que acompañó a Robles en la campaña de las luchas promovidas por Gonzalo Pizarro y que luego lo siguió para establecerse también en Chuquisaca (la actual Sucre), donde pudo alcanzarle una muestra del rico repartimiento dispensado a Robles por La Gasca como pago de sus buenos servicios. Anduvo por Charcas y Potosí, y tomó parte en la revuelta contra el levantamiento de Francisco Hernández Girón, desairado en el reparto de recompensas por La Gasca. De resultas de la derrota y muerte de Hernández Girón en Lima, su esposa, doña Mencía Portocarrero, apodada por la soldadesca la *Reina del Perú* —y es una bonita historia— fundó tres años más tarde el monasterio agustino de la Encarnación, en Lima, y adoptó este hábito en memoria de su marido.

Muerte de Robles. – Concluidas tales escaramuzas, el veterano Martín de Robles licenció a su gente y fue a descansar a Chuquisaca. Mas a poco y a través de unas incidencias y de un proceso mal conocido, murió en la horca. La sentencia provino del nuevo virrey Andrés Hurtado de Mendoza, marqués de Cañete, otra autoridad que desembarcó en el Perú en 1556 con mano de hierro y ajustició y mató a ritmo febril, según atestiguan sus propias palabras: *...en los ánimos de esta gente no creo cabe paz ni quietud; aunque yo les he dado sobre ello algunas reprensiones, pues serán los* *ahorcados, degollados y desterrados de ella más de ochocientos después que vine. Plega a Dios que aproveche...* (carta al duque de Alba).

Se estima desde luego que Martín de Robles no era precisamente un dechado de virtudes y sobre sus espaldas cargaba los delitos propios de una vida entregada a la guerra, en la que no eran las deserciones y cambios de bandera lo menos considerable, pero después fue premiado por el presidente La Gasca. Estaba ya varado, viejo, y nadie en realidad conoce los motivos de su muerte, colgado en la plaza pública, si bien varios historiadores coinciden en atribuir la condena a muerte a una fanfarronada atribuida a Martín de Robles y alusiva al nuevo virrey Cañete: *Déjenlo llegar* —hubiera dicho Robles—, *que acá lo enseñaremos a tener crianza.* Tratándose el autor de la frase de la misma persona que aprehendió al virrey Núñez de Vela, pudo ser interpretada como una amenaza seria y el marqués de Cañete obró en consecuencia. El suceso ilustra mucho sobre los juicios de valor de la época y la fragilidad de la vida humana.

El testimonio epistolar de Garay evidencia que por entonces no se encontraba en Chuquisaca, sino que en pos del general Juan Núñez de Prado, el poblador de Tucumán, había entrado al descubrimiento de las provincias de los Llanos de Moxos (también de Manso, nombre de El Chaco), sirviendo de capitán.

Luego aparece Garay empleado en la proveeduría de parte del ejército que, perteneciente a la flota de Don García, se desplazaba por tierra para reducir la rebeldía de los indios atacamas y obligándoles a reunir víveres con que saciar el hambre de la tropa en marcha. La flota de Don García salió de El Callao rumbo a Chile en febrero de 1557. Esta fecha permite coordinar un poco las actividades anteriores de Garay, algo difusas, que lo vincularon finalmente a Potosí y con la tarea futura de participar en la fundación de Santa Cruz de la Sierra, con Andrés Manso y Nufrio de Chaves, como veremos.

El Potosí. – No se sabe tampoco cuánto tiempo permaneció Juan de Garay en el emporio del Potosí, pero ello da pretexto a los tratadistas para recrearse un poco en el enclave mágico potosino, aparte de que los contactos sociales y profesionales allí establecidos por el futuro fundador de Buenos Aires como explorador y hombre de armas serán los que le pongan definitivamente en el sendero de su destino mayor.

Cieza de León, entre otros muchos, se hace eco del descubrimiento de las minas de plata del alto collado potosino por el español Villarroel en 1545. Uno de los indios que iban a su cargo hizo fuego de leña para combatir el frío de las alturas y al día siguiente encontró los hilos de plata derretidos sobre la roca. Villarroel, mayordomo del conquistador Diego Centeno, registró a nombre de su amo la primera veta de plata del Potosí con el nombre de Descubridora, y dice Cieza de León que *por donde con gran verdad se podrá tener que en ninguna parte del mundo se halló cerro tan rico, ni ningún príncipe, de un solo pueblo, como en esta famosa villa de Plata, tuvo ni tiene tantas rentas y provecho, pues desde el año de 1548 hasta el del 1551 le han valido sus quintos reales más de tres millones de ducados, que monta más que cuanto hubieron los españoles de Atahualpa ni se halló en la ciudad del Cuzco cuando la descubrieron.*

Poco después fueron descubiertas las restantes minas famosas por su mayor enjundia, que recibieron las denominaciones de Rica, del Estaño y Mendieta. Junto al cerro del Potosí *hubo el más rico mercado del mundo en tiempo que estas minas estaban en su prosperidad* (Cieza de León: *Crónica del Perú*).

En su estilo de matiz noblemente arcaico y pulimentado anota Paul Groussac —investigador básico e imprescindible— que *el raudo surtimiento del mineral fuera de su criadero, tuvo algo en verdad, por lo repentino y violento, de una erupción volcánica, cuya lava esparciese en el valle, no ya ruina de desolación, sino abundancia y regocijo.* El páramo yermo y de perturbadora altivez donde fueron halladas las vetas argentíferas se convirtió en la ciudad más populosa y opulenta de América, señuelo de toda clase de emigrantes y fundamento de grandes imaginerías no del todo míticas, hasta convertirse este nombre de Potosí en sinónimo de riqueza y brújula encantada de una heterogénea y abigarrada población entre indios, soldados, mercaderes, aventureros, tahúres, rameras, con alternancia de miseria y derroche, fiestas y riñas tabernarias, en realidad un anticipo histórico de lo que cuatro siglos más tarde popularizarían las películas de Hollywood con referencia al oro californiano, la fiebre del filón y las ciudades brotadas como por ensalmo de la noche a la mañana de los parajes más inhóspitos.

Un *pariente de deudos* de Garay, Juan Ortiz de Zárate, nada menos que futuro adelantado del Río de la Plata, era propietario de la mina Rica y tenía participación en la de los Mendieta, la familia más acaudalada. Por breves atisbos documentales se sabe que Garay vivió entre Chuquisaca y Potosí y frecuentó a sus primos los Zárate, aunque parece evidente que en él no prendió la ambición de la plata, acaso porque latían en el ambiente otros espejismos y leyendas (el país del Rey Blanco, El Dorado) más fuertes que la propia realidad suntuosa del Potosí. Porque la ilusión de riquezas cada vez mayores, infinitas y, por tanto, mágicas nunca abandonó a los conquistadores, y la leyenda potosina cruzaba las fronteras y luego llegaba de rebote y engrandecida al propio Potosí, que a su vez incluso podía soñar con todo el oro del Perú y situar en otros lugares las fantasías allí originadas, lo cual se inscribe en un desasosiego que ya supera el mismo afán de riqueza para convertirse en una ignota cuestión digna del tratado clínico patológico.

Conflicto de fronteras.– Los españoles no sólo lucharon contra los indios, el hambre y las adversidades de la naturaleza, sino que como grave constante lucharon entre sí por la dinámica del poder y a cuenta de conflictos fronterizos.

Juan de Garay, de unos treinta años, sin fortuna y pleno de fortaleza física, no echa raíces al amor de la riqueza aparentemente fácil brindada por el caudal de las minas de plata y el bullicio de la ciudad. Le sigue atrayendo la emoción de los espacios abiertos y desconocidos y, según la carta célebre que años más tarde, en 1582, escribirá desde Santa Fe al rey (Archivo General de Indias, 74-4-26, ya citada), *entró por capitán de una compañía en la conquista de los chiriguanas y llanos de los tomacocis, donde asentó Manso el pueblo de Santo Domingo de la Nueva Rioja y ayudó al general Nufrio de Chaves en la población de Santa Cruz de la Sierra.*

Andrés Manso, procedente del Perú, entabló conflicto jurisdiccional con Nufrio de Chaves, que venía del Paraguay. Son expediciones las de estos generales largas y sangrientas por la inmensidad de los desiertos y la agresión permanente —y legítima— de las tribus aborígenes, entradas que al fin coinciden y chocan sobre el mismo terreno (esta vez se trata de un lugar de la actual Bolivia) en su obstinación pobladora y en su generosidad para crearse nuevos y estériles conflictos, aunque de todo ello se derive la distensión de la frontera *civilizadora,* es decir, una clase de civilización occidental que por el momento se considera la más avanzada (y en nuestro tiempo ya, indiscutiblemente, es la única).

Nufrio de Chaves basaba su derecho, con cierta inconsistencia, en las incursiones anteriores de Juan de Ayolas, de él mismo y en una especie de legitimidad emocional, pero Andrés Manso alegó sencillamente estar comisionado por el propio virrey de Lima, que le autorizaba a *poblar el pedazo de tierra a las espaldas de la villa de la Plata.*

Fundación de Santa Cruz de la Sierra.– La discusión poblacional fue violenta y terca. Los dos capitanes acordaron someter la querella a la autoridad del virrey. Por lo pronto, Manso quedó a cargo de la gente sobre el terreno en litigio, y Chaves partió hacia Lima acompañado de su teniente Hernando de Salazar, por noviembre de 1559. Tardaron unos tres meses en llegar. La entrevista con el virrey, marqués de Cañete, fue en extremo favorable a los intereses de Chaves, aunque Manso también quedó agradecido con una gobernación que comprendía otros territorios más al sur.

Cañete decidió formar una provincia con los llanos en disputa, conocidos por los Llanos de Moxos, y nombró gobernador a su propio hijo, don García Hurtado de Mendoza y Manrique, que ya, por cierto, era gobernador de Chile, designando a Nufrio de Chaves teniente de gobernador y a Hernando de Salazar alguacil mayor.

Investidos de la nueva autoridad y con alguna milicia reclutada en el camino, regresaron los expedicionarios para hacerse cargo de la gobernación en los Llanos de Moxos, pero Andrés Manso no se avino a razones, los recibió de mal talante y la compañía de su mando presta a la batalla con *las mechas encendidas.* Sin embargo, la situación de Manso ya no tenía la misma fuerza moral. Nufrio de Chaves hizo públicas sus provisiones, que consideraban rebelde a quienes no las acataran. La alarma cundió por las filas de Manso y algunos de sus capitanes y soldados se negaron a desobedecer las disposiciones del virrey. Entre estos capitanes, naturalmente, se encontraba Juan de Garay, y decimos naturalmente porque el espíritu del fundador de Buenos Aires es de carácter legitimista.

Andrés Manso fue preso y enviado a Charcas (más tarde volvió a su asiento de Nueva Rioja y prosiguió la disputa territorial, que sólo cesaría con su muerte a manos de los indios).

Así Nufrio de Chaves pudo continuar la conquista y,

pacificando la zona, se dirigió con ochenta hombres al nordeste. A la altura de los diecisiete grados, a unas cincuenta leguas de la actual ciudad boliviana de Santa Cruz de la Sierra, fundó la primera ciudad de este nombre (hoy arruinada), hallándose en *un lugar cómodo, de grandes labranzas y comidas frutales y pesquerías y cazas, en donde en nombre de Su Majestad y del ilustre señor don García Manrique, fundó la ciudad de Santa Cruz de la Sierra, y encomendó los naturales a noventa vecinos pobladores de ella...*, con fecha 26 de febrero de 1561.

Entre los pobladores de Santa Cruz —que con el tiempo serán llamados los *andaluces de Bolivia* por razón de clima, arquitectura y costumbres— se encontraba —dice un historiador argentino— *el vizcaíno Juan de Garay (...) y, aunque actor en algunos episodios de las guerras civiles* (peruanas) y *en cierta importante jornada, su vida había transcurrido hasta entonces modesta y oscura* (José Luis Busaniche: *Historia argentina*). Es decir, que cuando se trata de historiografía generalizada y no de la parcela en cierto modo limitada y profundizadora de la biografía, es en estos términos como aparece realmente Juan de Garay, personaje en su primera época de vida *modesta y oscura,* pero llamado a grabar su nombre con letras indelebles en la historia del Río de la Plata, a la cabeza del mismo espacio transitado ostensiblemente por las figuras de Juan Díaz de Solís, Sebastián Caboto, Pedro de Mendoza, Domingo Martínez de Irala o Alvar Núñez Cabeza de Vaca.

De momento ya Garay despunta en el cabildo de Santa Cruz con el cargo de regidor y la administración de una encomienda. Es uno de los señalados colaboradores del inquieto Nufrio de Chaves, quien desde que desembarcó en América traído por la armada de Cabeza de Vaca, salida de Cádiz en 1540 y fondeada en Santa Catalina al año siguiente, se ha convertido en uno de los más brillantes capitanes de la conquista.

Con la nueva perspectiva que le brindaba la situación estratégica de Santa Cruz de la Sierra, punto de dinamización poblacional a horcajadas entre los vastísimos territorios de Paraguay y Perú, Chaves escribió cartas a la Asunción destacando la importancia del camino desbrozado, siempre bajo la inspiración aurífera del Perú como meta. Los mitos de la riqueza se fusionaban del Atlántico al Pacífico.

Para su futura capacidad fundadora, Juan de Garay debió de adquirir la experiencia en Santa Cruz y la inspiración en Chaves, y *fue el primero que metió ganado vacuno en dicha provincia y, como persona principal y hombre valeroso, se le encargaron siempre las cosas más honradas y dificultosas de la guerra, de las cuales salió siempre victorioso,* como dice él mismo en la relación de sus méritos y servicios hecha en Chuquisaca, *sustentando siempre soldados, armas y caballos a su costa.*

Por testimonio de viajero (capitán Juan Fernández de Enciso, regidor de la Asunción) se sabe que Garay vivía en Santa Cruz *con mucho lustre y honra* y que *contaba con soldados viejos de mucha presunción que habían andado con dicho capitán Garay,* diez o doce soldados a sus expensas *así de los que estaban a la conquista como de los que fueron en compañía de dicho gobernador, y que era padre de muchos pobres y siempre tenía su casa abastecida de muchos alimentos y carnes, como hombre que tenía mucho ganado vacuno en la dicha ciudad y que se trataba lustrosamente* (Agustín Zapata: *La expedición de Garay y la fundación de Santa Fe*).

Según declaraciones propias, Garay permaneció ocho años en Santa Cruz de la Sierra, de donde al parecer salió camino de Asunción en fecha indeterminada —no después de 1566— acompañando a Nufrio de Chaves en el propósito abierto de encarecer las excelencias de las nuevas tierras pobladas y en la idea, más interna, de establecer las condiciones apropiadas para el crecimiento y la independencia de su gobernación.

Todavía a principios del siglo XX el buen escritor español y gran conocedor de las realidades americanas Ciro Bayo, que murió en 1939, se asombraba de estos viajes de los conquistadores *a través del Chaco, aventura* —escribió en *Por la América desconocida— que hoy parece imposible, y que nadie intenta, como lo prueba el seguir inexplorado, o poco menos, el río Pilcomayo, que es la vía de agua que une el Alto Perú con el río Paraguay.*

El matrimonio.– En este viaje, o Garay ya va en compañía de su mujer e hijos, como escribió, o conoce a la que ha de ser su esposa, doña Isabel Becerra y Mendoza, en Asunción. Es tema de debate, nadie se pone de acuerdo ni en la fecha ni en las circunstancias. La muy citada carta de Garay a Felipe II expresa que se trasladó de Santa Cruz a Asunción *con su mujer e hijos,* por lo que una mayoría de opiniones estima Santa Cruz como el lugar de la boda. Sin embargo, hipótesis lógicas, aparte de otro viaje conjetural de Garay y Chaves a la Asunción en 1564, permiten sostener que el reconocimiento de los amantes fue en la ciudad paraguaya.

Como quiera que sea, Isabel Becerra pertenecía a una familia de relieve, ya que su madre estaba casada en segundas nupcias con Juan de Salazar de Espinosa, el tesorero que arribó con la armada de Sanabria (el primer marido era el capitán Becerra, *que traía* —dice Ruy Díaz de Guzmán— *a su mujer e hijos en una nao suya y, caminando por su derrota con felicidad, llegaron a tomar puerto a la costa de Brasil, y de allí vinieron a la isla de Santa Catalina, y a la laguna de los Patos, donde a la entrada de la barra se perdió el navío de Becerra con todo cuanto traía, excepto la gente*). De las dos hijas, Elvira e Isabel, la primera casó con Ruy Díaz de Melgarejo y la segunda, Isabel, con Juan de Garay.

En el orden de las luchas políticas intestinas asunceñas, Díaz de Melgarejo pertenecía, o apoyó en su momento, al bando de Diego de Abreu, quien se había alzado contra Francisco de Mendoza, delegado de Martínez de Irala, y causado su muerte, y era, por tanto, este Melgarejo, un avezado de las Indias, opuesto al partido en el que militaba el jefe de Garay, Nufrio de Chaves, pero tales diferencias se volatizaban rápidamente en la propia inestabilidad de las situaciones.

En la penosa expedición que, procedente de Brasil, trajo a la que sería esposa de Garay, Isabel Becerra, o en otra expedición de similares itinerario y fecha, figuraban *hidalgos portugueses y españoles,* entre ellos los Goes, que *fueron los primeros que trajeron vacas a esta provincia, haciéndolas caminar muchas leguas por tierra, y después por el río en balsas,* siete vacas y un toro.

El «éxodo al Perú».– En Paraguay, a la llegada de Chaves y Garay (la de este último algo más dudosa), gobernaba Francisco Ortiz de Vergara, un yerno de Irala elegido libremente. Chaves llegó con el recelo de no ser bien recibido por causa de las antiguas luchas que se suscitaron en el aprisionamiento de Cabeza de Vaca y por no haber seguido fielmente las instrucciones recibidas en sus exploraciones. Pero se dio buena maña, tras un período de enfermedad, y supo ganarse con presteza tanto la buena voluntad del cabildo como la de la mayoría de los pobladores y, en especial, la del influyente obispo fray Pedro de la Torre, que en aquellos días había casado a su sobrina con el cuñado de Chaves, don Diego de Mendoza, y esta circunstancia del parentesco parece que contribuyó en buena parte a la predisposición del obispo en la necesidad de avizorar nuevas tierras de fortuna y organizar lo que luego se ha venido en llamar *éxodo al Perú,* un absurdo que en aquel momento se justificó por el deseo de abandonar unas tierras inhóspitas no señaladas por la generosidad del oro u otra riqueza a la mano y, entre los oficiales reales, quizá se basaba el impulso en el deseo de proveerse de otro gobernador más predominante y eficaz.

Esta sociedad aguerrida e impaciente no se resignaba a cambiar la espada por la reja del arado ni el boato de la imaginación por la realidad gris de todos los días.

La gran expedición que por tierra y río Paraguay arriba partió al fin la integraban, aparte del gobernador Ortiz de Vergara, la milicia, el clero y los pobladores, más de mil indios de encomiendas y otros dos o tres mil indios itatines levantados por el camino, junto a setecientos caballos y yeguas, todo eso en dieciocho navíos y numerosas canoas.

Garay, capitán expedicionario.– Nuevamente Garay desaparece para las crónicas directas, aunque es fácil deducir su permanencia como regidor y caballero hacendado en Santa Cruz de la Sierra, y sólo volvemos a encontrarlo cuando Felipe de Cáceres, en nombre de Juan Ortiz de Zárate, le otorga el 2 de febrero de 1568 poder para que pudiera *llevar la gente a las provincias del Paraguay e ir por capitán de ellos y mandarlos y gobernarlos como yo mismo.*

Para entender la filiación de los nuevos personajes que entran en escena es preciso referir antes que, en efecto, la nutrida caravana del gobernador Francisco Ortiz de Vergara y del obispo Pedro de la Torre llegó con muchas penalidades a Santa Cruz de la Sierra, donde Nufrio de Chaves, por mediación de su lugarteniente Salazar, rebajó la ya escasa autoridad del gobernador Vergara y la comitiva, con diversos pretextos, tuvo que permanecer allí detenida más de un año, hasta que la audiencia de Charcas mandó las órdenes oportunas para la continuación del incongruente viaje, lo cual se llevó a cabo en medio de grandes penurias y el ataque de los indios.

Una vez en Charcas, antes que recibir el esperado salvoconducto para Lima, el gobernador Ortiz de Vergara, por instigación de sus enemigos, entre los que se contaba el poderoso e influyente Felipe de Cáceres, tuvo que responder a una serie de cargos. Felipe de Cáceres, contador real, era un lugarteniente del ya desaparecido Martínez de Irala y también había tomado parte en la aprehensión de Cabeza de Vaca durante su desdichada estadía asunceña.

La dilatoria audiencia de Charcas, cuya competencia en los asuntos del Río de la Plata era cuando menos dudosa, dictó al fin sentencia y dispuso que Vergara *volviese otra vez a la gobernación del Río de la Plata, con cargo de levantar aquí cien hombres bien armados para que puedan pasar sin ser ofendidos por los chiriguanás, hasta que el capitán Juan Ortiz de Zárate u otra persona que Su Majestad fuere servido nombrar vaya a gobernar,* según la carta dirigida por el licenciado Ramírez, presidente de la audiencia de Charcas, al monarca en 1566. Por entonces ya el licenciado Lope de Castro, presidente del Perú, había extendido el nombramiento del mencionado Juan Ortiz de Zárate, que quedaba a expensas de la confirmación en España por la Corona.

El adelantado Ortiz de Zárate, con quien ya trabamos conocimiento en Perú, rico propietario de minas y de otros negocios, actor en numerosas incidencias de guerra y pariente indirecto de Garay, que frecuentó en tiempos su casa, marchó a la metrópoli para obtener la aquiescencia del soberano y dejó por su teniente a Felipe de Cáceres, recomendándole, al parecer, a Juan de Garay como hombre de confianza, cosa lógica en virtud de sus lazos familiares.

Ortiz de Zárate —prueba de su capacidad económica— se comprometía a *meter por el mar del norte cuatrocientos o quinientos hombres de guerra a su costa, y asimismo metería por la provincia de Charcas, donde tiene su casa y vecindad, cuatro mil cabezas de vaca, cuatro mil ovejas de Castilla y otros ganados,* gastando en ello y en los navíos arriba de veinte mil ducados.

Si se han de creer determinados testimonios (Hernando de Montalvo en la *Correspondencia de los oficiales reales de Hacienda del Río de la Plata*), el verdadero motivo que indujo a Ortiz de Zárate a aceptar el gobierno de tan *desopinada* provincia fueron ciertas muestras de *metal amarillo* encontradas en las cercanías del Guayrá, con lo cual se advierte, una vez más, que el apagado lustre del oro, en forma de realidad práctica o de leyenda fascinante, cruzaba de lado a lado el continente (ser propietario de una mina famosa en el mitificado Potosí, como Zárate, y sentir aún la emoción del oro en una provincia lejana y desprestigiada como la del Paraguay raya en anomalía psíquica, pero que en aquella época, y nos parece que en todas las épocas, representa un sesgo corriente dentro de las múltiples inconsecuencias de la condición humana).

Vergara, hasta hace poco gobernador, no pudo oponer resistencia al mandato y optó por volver a España, siguiendo la vía del Pacífico, para dirimir su pleito.

El nuevo gobernador en funciones Felipe de Cáceres, el obispo de la Torre y demás acompañantes emprendieron el regreso a Asunción, pasando por Santa Cruz de la Sierra, donde Nufrio de Chaves les dio buena acogida. Se detuvieron varios meses y allí, según apuntamos más arriba, Felipe de Cáceres encargó la custodia y el mando de la expedición a Juan de Garay, quien acto seguido levantó su casa y se mudó *con suegra, mujer e hijos.* La expedición se componía de unas cien personas e iba escoltada por cuarenta soldados. Siguió la ruta de los indios itatines. Nufrio de Chaves se ofreció a acompañarla hasta el territorio de estos indígenas con otra breve escolta, al objeto de visitar una población amiga fundada por él.

La muerte de Nufrio de Chaves. – El suceso dramático lo cuenta, entre otros, Ruy Díaz de Guzmán en la *Argentina.* Ocurrió que Chaves, para calmar el alboroto de algunos grupos de indios en posible pie de guerra y amonestarlos por haber faltado a sus obligaciones, fue separándose del grupo de la comitiva y entró a un pueblo en que sabía estaban concentrados los caciques principales, que le recibieron con muestras de amistad, *dándosele una casa por posada.* En ella entró Chaves, confiado de su gran ascendencia sobre los naturales. Tomó asiento en una hamaca y se quitó la celada para refrescarse, cuando en ese momento uno de los indios principales se arrastró tras él y le dio con la macana o porra en la cabeza, *con tanta fuerza que le echó fuera los sesos y lo derribó en el suelo.* Seguidamente los indios arremetieron contra los diez o doce soldados de escolta que se habían quedado a la puerta y consiguieron matarlos, excepto a uno o dos (no coinciden las versiones) que corrieron malheridos a transmitir la noticia de la traidora acción.

Diego de Mendoza, gobernador de Santa Cruz, se encargó de castigar a los rebeldes. Atrapó a los cabecillas y, como escarmiento, expuso sus cuerpos cuarteados en los caminos. Enrique de Gandía dice que Chaves se enemistó con los indios por no haberles hecho entrega de otros indios enemigos a quienes querían comer. Paul Groussac, de suyo reticente y poco dado al elogio fácil, canta las excelencias de Nufrio de Chaves y le atribuye todas las virtudes del conquistador valeroso e inteligente que, además, tiene capacidad de organización social y urbana a partir de las escasas posibilidades del grupo nómada y violento, pero no llega al extremo, con Azara, de conceptuar la desaparición de Chaves —tan parecido al destino de Garay— como el factor determinante llamado (quizás) a restringir en favor de España la extensión y riqueza del imperio portugués en América.

El trujillano hidalgo Nufrio de Chaves, nacido por 1518, era hermano de fray Diego, confesor de Felipe II.

Extraña la falta de noticias sobre la reacción de Juan de Garay ante la muerte del que había sido su jefe y amigo, compañero en mil batidas y azares, hallándose en aquellos momentos, como sin duda se hallaba, cerca del paraje luctuoso al mando de la tropa que custodiaba la caravana de Felipe de Cáceres y del obispo La Torre, asentada precisamente a la espera de Chaves, pero cabe la explicación de que conociera la desgracia con retraso o mucho después de la intervención y el castigo llevado a cabo por Diego de Mendoza, con lo cual se hace más lógica la versión de que a la matanza de Chaves y su gente sólo escapó con vida ese *trompeta ya herido en su caballo* citado por Díaz de Guzmán y que dio aviso a Mendoza, salvándolo, por cierto, de otra emboscada que preparaban los indios.

Extraña la falta de noticias sobre la reacción de Garay y extraña no menos que toda esta larga y accidentada peregrinación de Santa Cruz de la Sierra a Paraguay, con mujeres, niños, carromatos, vacas y yeguas, que sufrió constantes asechanzas, no se mencionen por ninguna parte actuaciones de Garay, evidentemente subsumidas en la representatividad mayor del general mayor Felipe de Cáceres.

Sin embargo, hubo un hecho de carácter legendario que conviene reseñar. Después de la batalla más reñida, en la que por lo visto intervinieron, sin éxito, miles de salvajes, se supo que éstos habían terminado huyendo —al decir de Díaz de Guzmán— *por no haber podido sufrir el valor y esfuerzo de un valerosísimo caballero, que lleno de resplandores los lanceaba con tanta velocidad que parecía un rayo.* Sin perjuicio de que el cronista identifique a tan valerosísimo caballero con el apóstol Santiago o con San Blas, el venerable de aquellas tierras, el caso es que atribuye el gran beneficio a la misericordia del Altísimo, pero los que no tenemos tanta confianza en la bondad de las potencias divinas porque, entre otras cosas, no debieron permitir el combate, hemos de pensar que algo de verdad hay en el origen de la leyenda y que es una verdadera lástima la omisión para la historia del individuo cuya lanza veloz sirvió de pretexto a tan expeditiva interpretación milagrosa. No llega nuestra osadía a pensar que ese gran luchador pudo ser Juan de Garay. Interesa hacer constar que la ausencia de mención cuadra bien en general con el desempeño discreto y correcto del trabajo que le fue encomendado en esta jornada. La caracterización de la misma dependió de la sorda inquina originada entre Felipe de Cáceres y el obispo La Torre.

Martín del Barco Centenera se refiere sucintamente a la última etapa del viaje, nutrida por esta rivalidad de gobernante y prelado: *De Santa Cruz salieron procurando / llegar al Paraguay con gran presteza, / y aunque las dos cabezas caminando, / van juntos por la tierra de aspereza, / no van cosa ninguna conversando, / que en mala voluntad tienen firmeza.*

INTRIGAS ECLESIASTICAS

Garay, alguacil mayor.– No más llegado Felipe de Cáceres a Asunción, a finales de 1568, sin quitarse siquiera las armas ni tomar descanso, anticipándose a las presentidas maniobras obstaculizadoras del obispo, llevó a cabo el ritual de la toma de posesión. Prestó juramento ante el cabildo, y unos días después —19 de diciembre— nombró alguacil mayor a Juan de Garay (aquí la historiografía contemporánea rectifica a la crónica originaria de Díaz de Guzmán, que cita como alguacil mayor al capitán Pedro de la Puente, quien obtendría el cargo más tarde).

El documento que contiene la nueva responsabilidad de Garay es célebre y polémico porque en él es donde se alude al lugar de su nacimiento que, como ya dijimos al principio, ha sido impugnado, sin que la evidencia de la impugnación alcance a eliminar la duda, y dice entre otras cosas: *...que, por virtud del poder que me ha sido dado y concedido y por todos los demás que al negocio e infrasquito toque y atañe y atañer pueda doy poder y facultad (...) a vos, Juan de Garay, natural del valle de Losa, que es en los reinos de España, que al presente habéis llegado conmigo a esta ciudad de los reinos del Perú, para que, en nombre de dicho gobernador y mío, en su nombre, y por virtud de las dichas provisiones reales y poderes, desde el día de la data de éste en adelante, podáis traer y traigáis la vara real de alguacil mayor de todas las ciudades y provincias, así de esta ciudad de Asunción como de todas las otras ciudades, villas y lugares que están pobladas o se poblarán de aquí* *en adelante, en todas la cuales y en cada una de ellas podréis usar y ejercer dicho oficio y cargo de alguacil mayor en todos los cargos y cosas al dicho oficio y cargo anejas y concernientes, así a la forma y manera que lo usan y ejercen los alguaciles mayores de las provincias y reinos del Perú* (digamos de paso que la estéril retórica no exime la extensión de la cita, pues hay que tener en cuenta que la escasez de documentos referidos a Garay sobrevalora cualesquiera de los existentes, y que cuatro o cinco documentos de esta especie son los que en realidad han permitido a la inteligencia deductiva de la historia reconstruir la vida del conquistador).

Conflicto de poderes.– Se está en la idea de que la competencia de Garay contribuyó a garantizar en los primeros meses la paz gubernativa de Felipe de Cáceres, que pudo afianzarse e incluso organizar (cediendo provisionalmente el mando a Martín Suárez de Toledo) una jornada de pacificación contra el alzamiento de algunas tribus al sur de la provincia, pero el aserto de la paz de gobierno puede resultar engañoso, pues en realidad esos meses de aparente sosiego no sirvieron más que para incrementar el odio latente entre los dos bandos, uno representado por el gobernador y otro por el obispo. La línea de demarcación no estuvo muy clara y parece que hubo laicos a favor del obispo y clérigos a favor del gobernador.

Estas circunstancias, unidas a un problema de rencores personales, permite no otorgarle a la disensión la categoría de ser históricamente el primer conflicto entre los poderes civil y eclesiástico de esa parte de América.

Juan de Garay no debió de participar directamente en el grave enredo. La hábil *neutralidad*, sin merma de sus responsabilidades, mostraría otra faceta de su carácter, al menos la astuta cordura de quedarse en un segundo plano respecto a intrigas miserables que sólo podían redundar en desdicha general y haber hecho de su cargo un uso lo suficientemente moderado como para no salpicar la crónica negra.

Por encima o por debajo del odio personal entre los contendientes, el problema básico era de carácter económico, de privilegios, y se refería a una clásica disputa de rentas, beneficios y cobranzas de diezmos entreverada de difamaciones por parte del obispo y de mano dura por parte del gobernador.

Paul Groussac, anticlerical a la vieja usanza, es aquí bastante duro con los representantes de la Iglesia, *pastores de almas impelidos a Indias (salvo excepciones tan honrosas como raras) por el mismo soplo de aventura y codicia que sus descarriadas ovejas.* A cuenta de estas diferencias, todo el mundo vivía inquieto en Asunción. Las esperanzas de tranquilidad y orden se cifraban en Juan Ortiz de Zárate, que habría de regresar de España —y tardaba mucho—, ya confirmado en el ejercicio de su adelantazgo.

A mediados de 1570, pensando precisamente en avistar la flota de Zárate, Felipe de Cáceres realizó una expedición al Río de la Plata. *Aunque no hallé la dicha armada* —escribió después (Ortiz de Zárate por esa fecha no había ni tan siquiera iniciado los preparativos del viaje)—, *no dejó de hacerse fruto y provecho en el dicho viaje en tratar paz y amistad con las naciones del río y especialmente con los guaraníes de las islas y en tomar noticias de la población de los españoles que está hecha en Tucumán para cuando Dios fuere servido tener trato y comercio con ellos, especialmente haciéndose por nosotros la población de Sancti Spiritus (...) abriendo puerto y escala tan importantes para el trato y comercio del Perú.*

La expresión *abriendo puerto y escala tan importantes para el trato y comercio del Perú* debe subrayarse por cuanto destaca que la idea de fundar en el Paraná abajo o en el Río de la Plata, inicialmente atribuida a Garay, ya formaba parte del ambiente general y era importante para los pobladores de Paraguay tener ese desahogo atlántico, así como para los de Tucumán.

Las sordas maquinaciones del obispo Pedro de la Torre sorprenden a Felipe de Cáceres. La intención cruda es derrocarle, pero el gobernador, informado por su alguacil mayor, Juan de Garay, y otras personas, llega a controlar la amenaza. La conspiración consistía en prender al gobernador y excomurgarlo acusado de *luteranismo*, un término en verdad inusual por aquellos pagos y que se aplicaba en su significado de hereje (consta que Cáceres era hombre de misa diaria y fiel cumplidor de obligaciones religiosas).

El gobernador entonces ordenó prender a los principales conjurados, de los cuales uno sufrió pena de muerte (Pedro de Esquivel, caballero de *bella apostura*, dice Centenera) y otros penas menores, mas los cerebros de la confabulación, el obispo La Torre y el provisario Alonso de Segovia, escaparon relativamente indemnes: el obispo buscó refugio en un convento y el provisario en la catedral, si bien con pérdida de sus prebendas.

A las pocas semanas, el provisario Alonso de Segovia inició lo que luego, a la vista de los acontecimientos, se ha considerado una descarada y artera palinodia. Le envió a Felipe de Cáceres cartas de humildísimo arrepentimiento y en ellas le echó la culpa de todo al obispo. Más tarde, el propio obispo, temiendo ser deportado en las próximas singladuras transatlánticas que proyectaba el gobernador, se comprometió por escrito *a estar en todo a lo que el capitán general del Río de la Plata había dispuesto, hasta que Su Majestad otra cosa resuelva, sobre las causas y probanzas que había formado suspendiéndole en el oficio episcopal.*

Sencillamente, acaso no teniéndolas todas consigo, Felipe de Cáceres creyó en los juramentos y en las muestras de absoluta lealtad que le ofrecía el clero. Aquello no era sino el inicio de otra conspiración más grave y definitiva.

Juan de Garay participa en la nueva salida del gobernador al Río de la Plata, otra vez en demanda de Ortiz de Zárate y también con el propósito de explorar detenidamente el curso de los ríos y la situación de las islas. Llegan Paraná abajo hasta la isla de San Gabriel, en el antiguo Mar Dulce de Solís, reconocen los entresijos del delta paranasero y se adentran unas leguas en el río Salado.

Aun tratándose de una idea generalizada con diversos patrocinadores, como dijimos, se deduce que de este viaje extrajo Garay el conocimiento previo y práctico del terreno y la convicción de fundar por allí un enclave que facilitara las comunicaciones entre Paraguay y Perú y las propias necesidades de la navegación fluvial y las relaciones con España.

Puse calor en decir —escribirá más tarde al rey— *que* abriésemos puertas a la tierra *y no estuviésemos cerrados, que se presumiría que queríamos usurpar la tierra... y dije que ponía mi vida y hacienda para servir en esto a Vuestra Majestad.* El subrayado *abriésemos puertas a la tierra* es nuestro, y trata de poner énfasis en una de las frases que más han caracterizado la personalidad y el recuerdo de Garay, una frase original y bella en su contexto de río y selva.

Los acontecimientos político-eclesiásticos en Asunción habían tomado un giro amenazante para el gobernador, que a su regreso tuvo la precaución de proveerse de una guardia personal de cincuenta hombres armados que vigilaban su casa y algunos de ellos le acompañaban a todas partes, excepto a la misa en la catedral. Y fue precisamente en la catedral donde se produjo su ominoso apresamiento.

El obispo Pedro de la Torre, olvidado ya de sus juramentos públicos y de sus enfervecidas promesas, recurriendo a una práctica puramente inquisitorial, encabezó el motín que daría con los huesos de Felipe de Cáceres en la prisión, y ocurrió que, hallándose éste arrodillado en la catedral durante el oficio religioso, penetraron los conjurados por la abertuta hecha en el muro de una casa aledaña, cuyo dueño era el provisario Alonso de Segovia, y lo conminaron a la rendición, mientras el obispo aparecía teatralmente enarbolando un crucifijo a los gritos de *¡Viva la fe de Cristo!* Sólo uno de los miembros de la guardia, atraída por el escándalo, osó intentar defender a su jefe, pero cayó herido. El gobernador fue conducido entre golples e insultos a la casa del obispo, improvisada cárcel, y allí quedó engrillado y *sujeto de una cadena que salía al aposento donde dormía el obispo,* durante meses, hasta que el sucesor en su cargo, Martín Suárez de Toledo, tomó, de común acuerdo con los amotinados, la decisión de enviar el preso a España.

Como broche del episodio, tragicómico para nuestra mentalidad de hoy, pero grave en lo referido a las jerarquías de poder, exclama Paul Groussac probablemente generalizando en exceso: *¡Ese instrumento de escándalo y venganza había venido a ser la religión de Cristo, en poder de la iglesia* (sic) *española, y, salvo respetables excepciones, tal practicaban las virtudes evangélicas, durante la era colonial, los encargados de difundirla en el Nuevo Mundo, representándolas en su persona y conducta!*

Para no enternecernos demasiado, conviene recordar aquí que igual o parecida práctica siguió Felipe de Cáceres con Cabeza de Vaca en el acto de su deposición, por lo que no está de más aplicar la sabiduría fatalista del refranero popular: el que a hierro mata..., ya se sabe. Aquí lo interesante es comprobar, como caso aislado, el poder de la Iglesia y su capacidad de intriga.

Sin embargo, del proceso que se le incoaría en España por el Consejo de Indias, Felipe de Cáceres salió absuelto y rehabilitado. Murió en Madrid, su ciudad natal. En cuanto al obispo Pedro de la Torre, que iba custodiando al preso en la misma carabela, mandada por Ruy Díaz de Melgarejo, llamado expresamente para esta conducción, no llegó a España, pues murió antes *dejando grande fama en San Vicente* (costa de Brasil) *de grande religioso y continente,* en palabras de Centenera. La carabela de Melgarejo con el gobernador y el obispo fue seguida en parte del itinerario por Juan de Garay, según veremos en seguida con más detalle.

Encomienda de fundación.– A Felipe de Cáceres, preso, siguió en el gobierno, como dijimos, el sevillano Martín Suárez de Toledo, cuya mayor relevancia histórica viene de haber provisto a Juan de Garay de los títulos necesarios para realizar lo que, sin duda, en él formaba parte de una clara vocación, de un anhelo, porque así puede calificarse su tarea fundadora, basándonos en el razonamiento simple de que a lo largo de su vida, intensa, pero reservada, desoyó otras muchas solicitaciones acaso más gratificantes y cómodas, como si realmente se estuviese reconcentrando en sí mismo para acceder —permítasenos esta licencia sentimental— a una intuida predestinación.

A sus cuarenta y tres años, maduros y experimentados en las armas y la administración, ya había motivos suficientes para apoltronarse al lado de la familia y en medio de los gratos recursos de una vida más o menos sedentaria, pero esta definida vocación fundadora de que hablamos, la de *abrir puertas a la tierra* —frase muy sugerente de la fluidez del agua que arrastra hombres, bagajes y culturas por la faz ignota de la tierra selvática—, lo impele hacia el sur, río Paraná abajo.

Por tales circunstancias y empeño, Juan de Garay fue autorizado a fundar *puerto y pueblo en San Salvador o en otra parte de aquella comarca que más acomodada fuese* y, en otras disposiciones posteriores, para fundar *un puerto y pueblo en San Salvador o río de San Juan o San Gabriel, que es el Paraná, en una de las dichas tres partes donde más conviniere.*

Venciendo grandes dificultades, ya que la pobreza instrumental del medio era notoria, y mientras en los últimos meses de 1572 se ultimaban los preparativos para expedir a España en una carabela al depuesto Felipe de Cáceres con su acusador principal, el obispo La Torre, Juan de Garay se hizo, según notificación documental, de *un bergantín grande, cinco barcas y canoas sencillas, hechas balsas, con muchas armas y municiones, caballos, bastimentos, ganados, plantas, semillas, gentes de servicio, fragua (...) y todos los demás pertrechos necesarios para la población, y para que la mayor parte de dicha armada vaya caminando.*

El 23 de noviembre de 1572 Garay requirió en la forma habitual gente para el embarque y *conforme a esto, se hizo publicar con estandarte real arbolado y a sonido de trompetas, tambor y voz de pregonero, y se apuntó gente a dicho efecto.*

Entre las personas inscritas —prueba de que la empresa por el momento no era locamente seductora— sólo se pudieron contar a nueve españoles, pero a cambio de tal precariedad surgieron setenta y cinco *mancebos de la tierra*, que por este pintoresco calificativo se conocía a los nacidos en Asunción descendientes de conquistadores, estimulados por el afán de aventuras y el repartimiento de tierras, indios y otras mercedes. Eran *criollos* y muchos de ellos mestizos, ya implicados en la construcción de su tierra nativa y, por cierto, carne de sedición y revuelta.

Encabezaba la lista, después de Garay, como es natural, el español Francisco de Sierra, un buen veterano. *Saqué de aquella ciudad* —dice Garay— *ochenta soldados para con ellos fundar y poblar una ciudad.* Finalmente, fueron setenta y seis los que participaron en la ceremonia, por lo que la diferencia de cuatro hombres hay que atribuirla a deserciones o muerte en el camino.

Aviados los trámites de la dificultosa empresa y expedidos los títulos y autorizaciones oportunas, *la mayor parte de dicha armada* ya navegando entre los camalotes del hermoso río, Juan de Garay aún aguardaba en puerto para acompañar a la carabela de Melgarejo con Cáceres y el obispo, *que está ya a punto de partir hasta ponerla en San Gabriel, de donde se ha de hacer a la vela para España.*

Esto ocurre por fin el 14 de abril de 1573, sólo que Garay no fue en su bergantín —construido con el laurel de las islas, dice Agustín Zapata— tras la carabela hasta la prevista isla de San Gabriel, sino que se separó de ellos antes, entre los arroyos Hermandarias y Alonso Tomás o, como refiere el cronista Ruy Díaz de Guzmán, y sus palabras son de las pocas o únicas que dan idea de esta navegación, *que llegados a la boca del río Paraguay, acordaron que los de tierra pasasen el río a la otra parte del Paraná, y por aquella costa se fuesen a la laguna de los Palos, lo cual se hizo sin dificultad de enemigos, a más de ir descubriendo* aquel camino que jamás se había andado por los españoles (subrayado nuestro), *y juntos en aquel pasaje los de la carabela y pobladores, se dividieron los unos para Castilla y los otros tomaron el río que llaman de los quiloazas, atravesando a la parte del sudoeste, y sentado su real corrió Juan de Garay aquel territorio* (Díaz de Guzmán: la *Argentina).*

Tras de esperar a los que venían a pie a cargo de Francisco de Sierra, por la margen izquierda del Paraná, abriéndose paso dificultosamente entre la maleza con los carros, el ganado y demás bártulos, Juan de Garay *corrió el territorio* y se dispuso a elegir el emplazamiento apropiado para la futura ciudad. Instante algo solemne. Designó un terreno situado a orillas de un brazo del Paraná, *propio por sus aguas y leñas y pastos, pesquerías y cazas y tierras y estancias para la perpetuación de la ciudad.*

Esta perpetuación, en cuanto a emplazamiento, no se consumaría enteramente, pues unos ochenta años más tarde, debido a la erosión de las crecientes del río y a los ataques endémicos de los indios calchaquíes, fue preciso transplantar la ciudad —ya Santa Fe— a otro sitio más conveniente distanciado doce leguas del anterior.

Hecho el cerco fortificado en el paraje de la elección, practicadas las rozas correspondientes y delineada la planta del futuro ensamblaje urbanístico —poco menos de mil kilómetros al sur de Asunción, para dar idea dimensional de los desplazamientos—, comenzaron las obras de edificación. Garay, entre tanto, a bordo del bergantín y un número adecuado de hombres, se dedicó a navegar por el río y hacer pie en las tierras adyacentes, *empadronando a los indios* de poblados ribereños y comarcales, *así para encomendarles a los pobladores* —aclara Díaz de Guzmán— *como para saber el número que había.* Dicho sea de paso, esta es una de las prácticas abominables de la conquista y el estímulo que hacía apetecible la posesión de tierras, es decir, la mano de obra barata, o casi regalada, que representaban las encomiendas.

INESPERADA COMPETENCIA

El episodio de Cabrera.– Navegó Juan de Garay en el mes de septiembre río abajo hasta el fuerte de Caboto, en la boca del Carcarañá, y subió por el brazo del Coronda, a través de una zona muy poblada de indígenas, en general bien dispuestos. Fondeados cerca de un rancherío donde sus naturales les habían pedido que se detuvieran más tiempo para reconocer mejor el terreno, se vieron de pronto rodeados por una numerosa partida de indios de guerra en canoas y en actitud claramente hostil.

Garay, como rasgo selectivo de su carácter, mantuvo la serenidad. Se limitó a alertar a su gente y les dijo que estuvieran con las armas en la mano, dispuestos a obedecer la orden de fuego.

El conquistador debió de pensar que su fundación sería muy lamentable si empezaba matando a la gente del lugar. La atmósfera se llenó por la humareda de las fogatas encedidas en el campo. El capitán mandó a un marinero que subiera a la cofa, *el cual dijo que todo cuanto se veía a la redonda estaba cubierto de gente de guerra, y mucha más que venía por todas partes,* sin contar las canoas que bogaban río arriba y abajo *para coger los navíos en medio.* Garay, conociendo que estaba en una situación precaria por la angostura del río en aquel punto, se aprestó a la batalla y *habló a sus soldados esforzándolos animadamente.*

Olalla Mazón, autor de una sazonada biografía del conquistador, ya citado, injerta en tal circunstancia un párrafo que aquí recogemos como muestra de lo que bien se puede entender por el típico *retoricismo de*

Indias y que dice así: *Cuando las circunstancias eran serias y adversas, el espíritu de Garay se engrandecía y tenía la extraordinaria cualidad de saber contagiar a sus soldados. Viendo que la cosa se ponía cada vez más difícil, habló a sus hombres del espíritu de sacrificio, que él había mamado desde su niñez en tierras de Burgos (...), inculcándoles el convencimiento de que les esperaba un mejor porvenir y siempre la gloria y la satisfacción de haber cumplido con su misión. Había que continuar la obra civilizadora que se había impuesto España, había que salvar Santa Fe, recién creada, que prometía esplendor y riqueza.* Frente a este raudal, el laconismo del cronista primitivo aparece verdaderamente ascético: Garay *habló a sus soldados esforzándolos animadamente.*

De la tensión consiguiente vino a sacarlos la voz del vigía que gritó: *¡Un hombre de a caballo veo que va corriendo tras unos indios!* Le dijeron que mirara bien, y el marinero añadió: *Otros veo que le van siguiendo, tres, cuatro, cinco, seis de a caballo.*

Atacada ahora por dos frentes, la *multitud* de indios no tardó en dispersarse y huir a la desbandada, dejando en el campo de guerra sus muertos, arcos y flechas.

La providencial tropa de ayuda también estaba constituida por españoles y pertenecía a don Jerónimo Luis de Cabrera, gobernador de Tucumán, que el día anterior había rebautizado el fuerte de Sancti Spiritus (antes conocido por el de Caboto) con el nombre de Puerto de San Luis de Córdoba, como inquietante señal expansionista. El encuentro con Garay y la lucha descrita tuvo lugar el día 18 de septiembre de 1573.

Como ya ocurriera entre Nufrio de Chaves y Andrés Manso, próximos a Garay, y como tantas veces ocurrió en aquellos inmensos territorios despoblados, los conquistadores venían a coincidir peligrosamente en las mismas cotas y demarcaciones y a enredarse en problemas de prioridad y legitimidad muchas veces *resueltos* por la vía terrible de las armas y el vertido de sangre compatriota.

Jerónimo Luis de Cabrera, piadoso caballero perteneciente a una rama de la nobleza cordobesa en Andalucía, era el fundador de la Córdoba argentina (6 de julio de 1575). Pocos meses después del encuentro con Garay sería extrañamente acusado de *traición* y ajusticiado por orden de su heredero en el gobierno de Tucumán, Gonzalo de Abreu, aunque las razones no han sido bien aclaradas.

En esta ocasión, tras conseguir mancomunadamente una fácil victoria sobre los indios en el río Coronda y verse libre Garay de un apuro que pudo haber sido grave, los dos capitanes, como es natural, establecieron comunicación, pero, como es menos natural, no directamente, ya que ni Garay bajó a tierra ni Cabrera subió a bordo (Martín del Barco Centenera, que no le tuvo ninguna simpatía a su protector Garay, dice que éste *no osa salir de su navío, aunque es de los de Cabrera rogado,*) aunque sí debió de producirse alguna intimación o tenso cambio de impresiones respecto a los derechos de cada uno para enseñorearse de los mismos territorios, a lo cual hubo de responder Garay que él poblaría *porque esperaba antes de muchos días muchas mercedes de su Señoría.*

Ha tomado cuerpo entre los historiadores la idea de que en realidad no se llegó a concretar pleito de jurisdicción. No obstante, Díaz de Guzmán refiere que, de regreso a Córdoba, Cabrera tomó nueva conciencia del problema y despachó a un capitán con treinta soldados para requerir de Juan de Garay la tenencia y autoridad de la tierra, mas éste respondió sin vaguedades que de ninguna manera haría tal, *porque aquella población había sido hecha por él a nombre de Su Majestad y de la persona que tenía la superior gobernación de aquellas provincias a su costa y mención,* que no pertenecían más que a sus descubridores y al gobernador del Río de la Plata.

Con independencia del mejor derecho de cada uno, el encuentro Garay-Cabrera tiene decisiva importancia histórica porque equivale a la fusión de las corrientes invasoras originadas una en la costa del Pacífico y otra en la del Atlántico, si bien Garay, como caso individualizado, también inicia su trayectoria desde el oeste.

Fundación de Santa Fe.– En vista de la inesperada competencia, Garay se apresuró a poner proa a su asentamiento río Paraná arriba, donde en el transcurso de unos meses, con los solares repartidos, ya se perfilan las construcciones que han de constituir la nueva ciudad, y procedió seguidamente a poner en marcha la ceremonia de fundación, el domingo día 15 de noviembre de 1573.

El acta comenzaba en estos términos: *Yo, Juan de Garay, capitán y justicia mayor de esta conquista y población en el Paraná y Río de la Plata, digo que en nombre de la Santísima Trinidad y de la Virgen María y de la universidad de todos los santos y en nombre de la real majestad del rey don Felipe nuestro señor y de el muy ilustre señor Juan Ortiz de Zárate, gobernador y capitán general y alguacil mayor de todas las provincias de dicho Río de la Plata, y por virtud de los poderes que para ello tengo de Martín Suárez de Toledo, teniente gobernador que al presente reside en la ciudad de la Asunción, digo en el dicho nombre y forma que tengo, fundo y asiento y nombro a esta ciudad de Santa Fe...*

La sapiencia del escribano pone de manifiesto coherentemente el orden jerárquico estricto y la escala de los poderes de la época, que primero invocan a Dios y siguen con el rey, el adelantado, el gobernador y el capitán, que, finalmente, *abre puertas a la tierra para tratar y conversar con la provincia y gobernación del Tucumán y por allí con los reinos del Perú,* más alcaldes, regidores y otras autoridades municipales. En el acta pide también Garay que le ayuden a levantar el rollo de justicia, destinado según las leyes a castigar a los delincuentes de baja condición social, y señala el ejido de la población (prescindiendo a estos efectos territoriales limítrofes de las acotaciones de Cabrera).

Garay consignó para Santa Fe un espacio enorme: *Por la parte del camino del Paraguay hasta el cabo de los Anegadizos y por el río abajo, camino de Buenos Aires, veinticinco leguas más abajo de Sancti Spiritus, y hacia las partes de Tucumán cincuenta le-*

guas a tierra adentro desde las barrancas de este río, y de la otra parte del Paraná, cincuenta, lo que equivale aproximadamente a la actual provincia de Santa Fe, con sustanciosos añadidos de Entre Ríos y Corrientes.

La falta de no estar poblado un nuevo reino en estas provincias —escribió el capitán Martín de Orúe al Consejo de Indias en 1573— *no ha sido en los malos pilotos, que en lugar de la poblar la han destruido con andar buscando la laguna de El Dorado o un nuevo Atahualpa, y en esto han gastado su tiempo y consumido lo que había para sustentación de esta tierra.* Pero los que salieron a fundar Santa Fe —en la estimación de Agustín Zapata *(Las puertas de la tierra)*— ya no tenían ante sus ojos *los espejismos de grandezas y tesoros que alucinaban a otros,* sino valores más terrenos y gredosos. Santa Fe se erige, asimismo, con valor de encrucijada.

Garay mostró gran generosidad en el repartimiento de las tierrras, bien es verdad que éstas eran muchas y pocos los pobladores, adjudicándose él mismo varios lotes de fincas rurales y haciendas, aunque debe tenerse en cuenta que el valor de tantas leguas de campo era todavía ínfimo, como el del ganado, en palabras del propio Garay: *Hoy día hay tanto ganado que no vale una vaca un peso y medio arriba de la moneda de la tierra.* Ni el ganado, que todos poseían, ni las abundantes cosechas de cereales o las pequeñas encomiendas de indios eran rentables por falta de caudal monetario, que provocaba la falta de artículos de primera necesidad y una estrecha dependencia de Asunción.

Por último, Garay, en el documento fundacional, adjudicó solares para la iglesia mayor y la puso bajo la advocación de Todos los Santos. *Y doquiera* —escribió José Luis Cantilo con verbosidad característica—, *en el bosque misterioso, en la pradera fecunda, en el río sereno, en el cielo azul, Dios, la providencia infinita, el germen de otros tiempos, el verbo de América, ¡la vida nueva!* Una vida nueva que, dicho sea de paso, no es tan nueva ni tan abracadabrante: vemos con facilidad que el camino de los exploradores heroicos está sembrado de rivalidad y muerte. Llevan consigo, en efecto, los gérmenes de la civilización y una fe nueva, pero sin haberse olvidado ni de uno solo de sus vicios y miserias humanas. Puesto que el desarrollo ya planetizado de la civilización occidental —modernamente, de la *aldea global*— ha dejado de comportar las mismas expectativas y hasta es posible que haya entrado en quiebra, ahora muchas veces nos preguntamos si no hubiera sido más inteligente permitir que otras civilizaciones de paso retardatario hubieran encontrado en sí mismas su propio ritmo de desarrollo natural. No deja de ser la posibilidad de una bella utopía.

La fundación de Santa Fe no tuvo el carácter solemne y espectacular que evocan los cuadros de la historia, ni los pobladores lucieron los airosos atavíos de la época, *que los compañeros del fundador iban tan sucios y andrajosos* —lo dice Juan Alvarez en su *Ensayo sobre la historia de Santa Fe*— *que los indios les llamaban los ahumados.* Precisamente en esta pobreza radica otro tipo de solemnidad más hondo.

Al participar en la fundación los mancebos de la tierra en número muy superior al de los españoles, se le concede mucho valor al rasgo *hispanoamericano* o *criollista* que por primera vez y en esta ciudad paranasera ejerce esa función. Aun de forma remota e insospechada, ya con base en la gestación del nacionalismo anticolonial y el sentido nacionalista de patria, conceptos en agraz y que todavía tienen por delante un largo camino para poderse manifestar de dos siglos, pero es ahí donde hay que buscar el caldo de cultivo.

El trasplante posterior de Santa Fe en 1653 más al sur, más hacia el fuerte de Caboto, para contrarrestar las depredaciones calchaquíes (o calchaquís) y otras adversidades naturales, embocando, no tan directamente como hubiera sido de desear, el camino de Tucumán y Cuyo, parece indicar que la primera elección de Garay no fue acertada, pero en descargo del fundador se puede argüir que probablemente su verdadera intención estuvo condicionada por la influencia competitiva de Cabrera. Según Centenera, éste dejó allí una cruz de señal: *Garay quitó la cruz que aquél aposentó,/donde quedó por Cabrera levantada,/que sabe es su intento y fundamento/dejar la población allí tomada./Con esto y su gente con contento/se vuelven a su asiento, y su morada,/que es en dicha Santa Fe tierra muy llana,/y a Tucumán y Córdoba cercana.*

La llegada de Zárate. – El repartimiento de tierras, las encomiendas de indios, la construcción de edificios (públicos y privados) y otros trabajos complementarios y organizativos absorbieron la actividad de Juan de Garay en el nuevo aposentamiento durante los meses sucesivos. Hay que añadir los debates jurisdiccionales con el capitán Nufrio de Aguilar, enviado por Cabrera para intentar sostener sus presuntos derechos.

Pero en febrero de 1574 llegaron al puerto de Santa Fe tres canoas tripuladas por indios guaraníes procedentes del Plata y encabezadas por un cacique de nombre Yamandú, que portaba pliegos escritos dirigidos a Juan de Garay. Por fin el adelantado Juan Ortiz de Zárate daba señales de vida. Garay las recibió con alegría. Ahora el adelantado regresaba de España, a donde marchó desde Perú para obtener la confirmación real de los cargos que se le confirieron. Seis años invirtió en la gestión, y muy azarosos. Había arribado unos meses antes al Río de la Plata, y enterado del paradero de Garay, le escribió pidiendo socorro, pues en la isla de Martín García estaba la armada tan falta de bastimentos como sobrada de ataques de los indios churrúas, *con necesidad de comida y apretada de los indios churrúas,* como dice inmejorablemente Díaz de Guzmán en las páginas finales de la primera parte de su crónica: sabido es que la segunda parte, de haber sido escrita, nunca fue hallada.

Con fecha (incierta) de 13 de diciembre de 1573, y desde la isla de San Gabriel, también se incluía en el mismo envío otra carta refrendando los títulos de Garay que le otorgara en su día Suárez de Toledo en Asunción.

Supo Zárate el paradero de Garay y de su obra pobladora a la orilla del Paraná por haber encontrado el mensaje que Ruy Díaz de Melgarejo dejó en San Gabriel, *que estaba en la punta de la tierra firme* (hoy bahía uruguaya de Colonia), cuando iba de paso acompañando al obispo Pedro de la Torre y al derrocado Felipe de Cáceres camino de España (ya sabemos que el obispo moriría en la costa de Brasil, en San Vicente, ya que Melgarejo volvió sus pasos al tener noticias de la llegada de Zárate). Siguiendo la costumbre, depositó el mensaje en el interior de una calabaza colgada de una cruz, con expresión de sus andanzas y dando aviso de *cómo Garay quedaba poblando en los Mocoretaes, cien leguas de allí.*

Garay llevó a cabo con presteza los preparativos para ir en auxilio de Ortiz de Zárate, pero antes se hizo reconocer por el cabildo en la confirmación de sus cargos, y luego partió hacia San Gabriel con treinta soldados, de ellos veinte de a caballo, y comida.

La «escoria de Andalucía».– El escritor argentino Paul Groussac (nacido en Toulouse, Francia, en 1848, y fallecido en Argentina en 1929, director de la Biblioteca Nacional) es el recipendiario más lúcido de una línea de historiadores integrada, entre otros, por Enrique Peña, el padre Antonio Larrouy, Manuel M. Cervera, Enrique Ruiz Guiñazú, etc., que alcanza su indudable culminación en el espléndido estudio *Mendoza y Garay,* no siendo aceptable la nota un tanto minusvalorativa que da de él Enrique de Gandía, sin menoscabo del respeto, pero la capacidad analítica de Groussac en el manejo de los documentos originales es algo de lo que hay que dejar constancia aquí.

Pues bien, Groussac concede a la constitución en España de la armada de Juan Ortiz de Zárate importancia, digamos, *psicosociológica* y prototípica de los elementos financieros, sociales, políticos y humanamente curiosos y pintorescos que intervenían en la organización y composición de estas expediciones, a los cuales no tenemos por menos que aludir aunque sea brevemente al entender que iluminan aspectos de la conquista y también —rareza de interés personal— para enmarcar esa expresión tan tajante de *escoria de Andalucía* debida al tesorero real y regidor (natural de Arévalo) Hernando de Montalvo, autor de numerosas cartas tan interesantes como faltas de generosidad o sistemáticamente cáusticas, en lo que se asemeja, con mucha mayor sustancia, al versificador el arcediano Martín del Barco Centenera.

Tanto Montalvo como Centenera, justificadamente, gozan de la desconfianza de los historiadores, pero esto no impide que cumplan una función testimonial de primera mano.

En la historiografía de Indias siempre nos tropezaremos con el mismo problema interpretativo, maniqueísta y trivial: o la epopeya de la conquista y colonización fue un movimiento arrasador y envenenado contra toda ley o, por el contrario, fue una maravilla grandiosa en la que se sacrificaron los espíritus más nobles, valientes y piadosos, un mandato de Dios evangelizador y patriótico con las miras puestas en la mayor gloria de la única verdad.

La controversia de la *leyenda negra,* que tuvo su origen en las denuncias de fray Bartolomé de las Casas, y de la *leyenda rosa,* que se establece desde la mala conciencia general, ya huele a rancio. Terribles experiencias históricas muy posteriores y surgidas en el seno de la civilización más avanzada —las dos guerras mundiales con los corolarios del nazismo antisemita y el uso de la bomba atómica, o el intenso drama de los *desaparecidos* o torturados en la última (esperamos que última) represión feroz de la dictadura argentina, sin contar el hambre tercermundista ni el terrorismo universal— nos indican que el fenómeno ni pertenece a una época determinada ni corresponde a un sistema de gobierno e idiosincrasia particulares, sino más bien al dinamismo de la historia y a las peculiaridades exasperantes de la condición humana, cuyo verdadero fondo no tiene nada de optimista ni digno de recabar tintes idealizantes.

Ya es obligado incorporar al viejo debate de Indias otras nociones más relativistas que tengan en cuenta por igual los componentes de grandeza, determinismo histórico, miseria, ambición, crueldad, valor, hidalguía, espíritu gratuito de aventura y sentido de expansividad natural y geográfica que caracterizaron el descubrimiento y conquista de las Américas, sobre el que destaca el hecho omnímodo de que los conquistadores de la primera ola no se resarcieron de su hallazgo y dominio sino con la muerte violenta, la pobreza, la marginación, la ingratitud. Esa fue su catarsis de cara a la historia.

Por lo pronto, la expedición de Juan Ortiz de Zárate, que recuerda la de Pedro de Mendoza, es una de las más desastrosas que enfilaron la aventura trasatlántica (puesto que abundan los Zárate en toda esta relación, conviene recordar que un primer Zárate era el oidor, tío de Garay; otro Zárate, Agustín de, el contador e historiador de la *Crónica del Perú,* y este tercer Zárate que nos ocupa, el adelantado del Río de la Plata, también algo pariente de Garay). Y el mal sino ya comenzó en la travesía del Perú a España, en que el futuro adelantado fue asaltado y robado por corsarios franceses. Sin embargo, en la corte consiguió cuanto se propuso. A los títulos de gobernador y capitán general agregó el de adelantado, dignidad superior, hereditaria en su caso y cuyos privilegios incluían la erección y tenencia de fortalezas, el repartimiento de encomiendas de indios, la administración de justicia, el nombramiento de cargos, la importación de esclavos negros africanos y, entre otras mercedes más, la posibilidad de fletar anualmente de la metrópoli a la colonia dos naves *con mercaderías, armas, herramientas y otros instrumentos para la provisión de la tierra,* libres de gastos de aduanas.

Ortiz de Zárate, que también fue admitido en la Orden de Santiago, se comprometía, en la contraprestación de privilegios y por las capitulaciones que empezaron a firmarse en julio de 1569, a armar cuatro navíos y a embarcar a quinientos hombres, de ellos doscientos casados, labradores, artesanos, y trescientos de guerra, así como a fundar dos pueblos y a introducir en su gobernación, como ya anotamos, más de ochenta mil cabezas de ganado entre vacas, ovejas, cabras y *yeguas de Castilla,* con plazos perentorios que, por cierto, no llegaron a cumplirse en ninguno de los casos.

Se abrió un proceso largo de tramitaciones, retrasos, dificultades, deudas, pleitos, enfermedad, prórrogas, variadas suertes de picaresca y encendidas promesas para el levantamiento de gente.

En 1571 la armada de Ortiz de Zárate abandonó los muelles de Sevilla para fondear, río Guadalquivir abajo, en Sanlúcar, donde aún tuvo que soportar un embargo por parte del Consejo de Indias a cuenta de pleitos que solventar, sólo que pronto se cayó en el convencimiento de que interesaba más dejarla zarpar que deshacer el montante de compromisos e inversiones.

Con independencia de la tripulación y de las clases militar y religiosa, la mayoría de los pasajeros estaba constituida por emigrantes pobres y sin oficio, identificados muchos de ellos, a falta de otros rasgos más bonancibles, por *cicatriz en el rostro, dedo cortado,* o *tres dientes menos,* lo que suscita, al decir de Groussac, *visiones de vida airada y riñas tabernarias entre cofrades del hampa y la florida picardía.* O, como escribió el tesorero Montalvo, que la tal leva hacía pensar en *la escoria de Andalucía.*

Para no incurrir en los flecos de la leyenda negra, también interesa recordar que en la expedición de Ortiz de Zárate iban cincuenta y ocho mujeres, de ellas veintitrés casadas, con su prole, y esto comporta un elemento conmovedor, pues ya no se trata sólo del guerrero endurecido en las campañas de Italia o de Flandes a la busca de gloria y riqueza fácil, del clérigo pragmático ungido por la gracia de Dios, del rufián o el pícaro, sino de familias humildes y valientes, de baja extracción social, sí, pero luchadoras y abiertas a la esperanza de construirse una vida mejor. Anticipan las características de lo que durante varios siglos, de la vela a la era del vapor, serán las riadas migratorias a las Américas y darán las primeras pautas de los modernos extrañamientos a la Europa industrial.

La armada del adelantado Zárate, por fin, salió de Sanlúcar de Barrameda el 17 de octubre de 1572. Iban cinco embarcaciones mal pergeñadas encabezadas por la capitana *San Salvador*. Invirtieron en la travesía casi todo el año 1573. La amenaza del hambre hizo su aparición aterradora en la isla de Santa Catalina y, sin paliativos, allí murieron en noviembre más de cincuenta personas, *de pura hambre, sin otra enfermedad* (Montalvo). Llegados a la isla de San Gabriel, ya en el Río de la Plata, perdieron por impericia del pilotaje las naves capitana y almiranta. San Gabriel les brindó la cruz con la calabaza y las cartas del obispo y de Díaz de Melgarejo indicando, entre otras cosas, el paradero de Garay, ya descritas.

Zárate envió la conocida petición de ayuda al fundador de Santa Fe por mediación de indios canoeros, que seguramente hicieron la ruta fluvial a modo de relevos, en 1574, y Garay salió presto con su bergantín y sus balsas y, para mayor rapidez, forzó a los caballos a entrar en las balsas, río Paraná abajo.

Un año antes, en 1573, a raíz del envío de las cartas a Garay (y a Asunción), se abatió sobre la comitiva de Ortiz de Zárate otro tan siniestro percance que decididamente la erige en la expedición más desgraciada al Río de la Plata, famoso por su hostilidad. Y ocurrió, en la inapreciable referencia de Montalvo, que una partida de españoles se adentró en la espesura a la busca de alimentos y fue atacada por indios churrúas *que mataron y prendieron hasta a cuarenta y dos personas.* Sólo dos pudieron huir y dar el aviso en el real. Las consiguientes incursiones de castigo, integrada una por quince soldados y otra por cincuenta y cuatro arcabuceros, *los más armados que en el real había,* fueron igualmente destrozadas, de modo que allí perecieron más de cien soldados a manos de una partida de indios no excesivamente numerosa. ¿Causas? Municiones en mal estado, hambre, debilidad, anarquía, dispersión, emboscadas... De cualquier manera que fuese, este episodio, infrecuente por su generosa gratuidad mortal, prueba el grado de inoperancia a que habían llegado las fuerzas de Zárate y la propia inocultable incompetencia de éste.

Encuentro de Garay y Melgarejo. – Tras la petición de auxilio de Ortiz de Zárate, Garay partió de Santa Fe con hombres, armas, caballos y bastimentos, en pie de guerra y siempre fiel al espíritu de la legitimidad gobernante, sin encontrar mayores obstáculos en su recorrido fluvial.

A la altura de Sancti Spiritus tuvo lugar el encuentro con Ruy Díaz de Melgarejo, el *caballero de mucha experiencia* (Navarrete) que se hizo célebre, aparte de sus poblaciones en el Guayrá y muchos reveses de fortuna, por haber estoqueado en Asunción con resultado de muerte a su esposa, doña Elvira de Contreras, y al clérigo Juan Fernández Carrillo a causa de adulterio, y la presencia de Juan de Garay tuvo la buena fortuna en este encuentro del río de decidir a favor de los hombres de Melgarejo un combate que en ese crítico momento tenían entablado con los guaraníes.

Melgarejo, como sabemos, que dejó en San Vicente al obispo La Torre moribundo y a Felipe de Cáceres navegando hacia España en otro barco, regresó en su carabela a la busca del adelantado Zárate, a quien encontró en San Gabriel y ayudó a trasladar a la isla de Martín García y a localizar fuentes alimenticias por los brazos del delta paranasero durante varios meses, en el transcurso de los cuales se pensó fundar una ciudad para dar cumplimiento a una parte de las capitulaciones. Temiendo que los mensajeros enviados a Garay no hubiesen cumplido su misión, Melgarejo decidió remontar el Paraná hasta Santa Fe. *Y viniendo en demanda de esta ciudad* —declaró Cristóbal de Arévalo— *para llevar socorros, tuvo noticia en el camino de cómo había cantidad de cautivos cristianos entre los indios de guerra, y se determinó a ir a ellos a rescatar entrando por un riachuelo de gran peligro...*

En estas circunstancias del rescate apareció Garay, y nada impide concederle al reencuentro de los dos hombres de acción, parientes y amigos, un carácter de júbilo. Puesto que al adelantado Zárate le urgían los socorros y la nave más rápida era la de Melgarejo, partió éste con los víveres hacia la isla de Martín García, y Garay siguió más despacio pacificando la zona y apurando la operación de rescate.

Aunque hay discusión de tiempo y lugar, a esta travesía pudo referirse Garay cuando en una de las cartas al rey, la muy citada de Santa Fe de 1582, alude a una lucha con los indios en la que corrió serio peligro: *...y fui ochenta leguas de aquí a socorrerle* (al adelantado), *donde castigué y desbaraté a los indios que habían muerto a los españoles, con harto riesgo de mi persona porque me mataron el caballo y estuve caído y malherido entre los enemigos, de donde rescaté cinco o seis españoles que los habían cautivado.*

Si tuvo lugar antes o después la batalla contra isleños guaraníes o churrúas no hay forma por ahora de establecerlo, pero el caso es que el episodio tiene la virtud de desatar la imaginación de los historiadores novelísticos, antiguos y modernos, que suplen con prosa muchas veces henchida lo que la documentación no ha podido revelarnos: *Garay, el fuerte, el imperturbable, el razonador, el impetuoso, estaba allí. Como otras veces, su palabra persuasiva levantó los ánimos. Un soplo de esperanza pasó por sobre aquellas cabezas y todos corrieron a las armas, decididos a derramar en la pelea hasta la última gota de sangre* (J. L. Cantilo). De que el aparato militar de la conquista derramó su sangre no hay la menor duda, pero es sumamente dudoso, por el contrario, que pusiera tanto entusiasmo en llegar hasta esa *última gota de sangre.*

Reunidos los capitanes en Martín García y algo aliviado Juan Ortiz de Zárate y su desmedrada gente con los víveres y pertrechos aportados, fue el momento oportuno para disponerse a buscar el emplazamiento para una de las futuras ciudades cuya fundación en el estuario ordenaba el compromiso de las capitulaciones reales.

La flotilla —constituida ya sólo por los navíos de Garay y Melgarejo, una zabra restante de las que vinieron de España y menos de cien soldados— embocó el río Uruguay y, cerca de la desembocadura de su afluente San Salvador, el 30 de mayo de 1574, quedó fundado el pueblo del mismo nombre, que, por cierto, no duró más de tres años. Garay participó directamente en las tareas de construcción, según sus propias palabras (escritas en tercera persona): *...en lo que toca a la dicha ciudad zaratina se halló presente e hizo hacer la cruz que se enarboló en el puerto de San Salvador y se lo ayudó a levantar y enarbolar este testigo... día de la pascua del Espíritu Santo y por mandato del dicho adelantado ayudó con su servicio a hacer casas.*

De modo que Garay, primero con Santa Cruz de la Sierra y luego con Santa Fe y San Salvador está adquiriendo una suerte de *veteranía fundadora* que le ayudará en la empresa mayor aún por venir.

Zárate procedió a confirmar a Suárez de Toledo en su tenencia de Asunción y nombró a Juan de Garay *teniente gobernador y capitán general de todas las provincias del Río de la Plata,* premiando de esta manera su lealtad y eficiencia, por tratarse de persona *en quien concurren las cualidades, ciencia y conciencia que para el tal caso y de derecho se requieren.* El conquistador obtuvo así el instrumento que le permitiría ampliar su radio de acción, emancipado de otras tutelas, si no era la del propio adelantado.

A poco Garay retornó a Santa Fe desde San Salvador, en procura de sus responsabilidades de gobierno, otra vez por la no demasiado fácil ruta del Paraná arriba.

DESTINO: LA PLATA

El Paraná. – El Paraná, tantas veces aludido y que es la calle mayor de agua por donde fluye todo este arriesgado trasiego de descubridores, conquistadores y colonizadores a bordo de sus frágiles esquifes, requiere breves palabras, aun elementales.

Más tarde, aunque se trata del primero, del descubridor del Mar Dulce, nos referiremos a Díaz de Solís, pero de momento interesa citar al veneciano Sabastián Caboto, iniciador en 1526 bajo pabellón español de las navegaciones por el Río de la Plata (así denominado en principio por Díaz de Solís al haber visto —más bien oído— señales de plata, es decir, que la denominación de Solís pasó luego a nombrar el Mar Dulce, el estuario del Río de la Plata, donde desagua el Paraná o Paranaguazú a través de un delta con más de trescientos kilómetros de largo por cincuenta de ancho). Caboto empleó tres años en la exploración del curso fluvial, buscando alucinado el mito del Rey Blanco, y construyó el fuerte de Sancti Spiritus en la afluencia del río Carcarañá, que los indios destruyeron pasando a cuchillo gran parte de la guarnición, pero que en las etapas sucesivas, como hemos advertido a lo largo de estas páginas, sirvió de referencia y encrucijada a los restantes viajeros como el enclave más antiguo y conocido. Sebastián Caboto regresó a España con la expedición diezmada y las manos vacías. No por su obstinada incomparecencia el Rey Blanco perdió prestigio y capacidad de sugestión.

Con sus cuatro mil cuatrocientos kilómetros de largo, colector de las lluvias tropicales brasileñas y el violento éxtasis de las cataratas posiblemente más bellas del mundo —Iguazú, exploradas también por Cabeza de Vaca y espléndidamente descritas por Díaz de Guzmán—, el Paraná es el río más significativo del continente americano después del Amazonas. Tras recibir el río Paraguay, corre por Brasil, Paraguay y Argentina, escoltada la madre poderosa por hijuelas díscolas, hasta formar todos estos brazos, con la ayuda del río Paraguay y el concurso independiente del Uruguay, la eclosión del Río de la Plata, estuario, bahía o golfo, que no parece haber acuerdo entre los geógrafos, pero que en cualquier caso es *un río con la boca más ancha del mundo.*

Alonso de Santa Cruz, que iba con Caboto, suministró interesantes datos de la prodigalidad isleña (*...gran número de islas grandes y pequeñas, todas las más despobladas por ser bajas y cada año cúbrelas el río en las avenidas que trae, aunque los veranos algunas de éstas se habitan por causa de la sementera que en ellas tienen los indios y muchas pesquerías de muy grandes y buenos pescados (...) en algunas de estas islas hay onzas y tigres que pasan del continente a ellas y muchos venados y puercos de agua* —anta o tapir de las llanuras—, *aunque no de tan buen sabor como los de España)* y aludió Santa Cruz a la población de ánades, garzas y papagayos *que van de pasada.* Determinó el cronista que el río era uno de los mejores y mayores del mundo y *según la información de los indios viene de muy lejos, aunque por lo que vimos lo podemos afirmar, porque de boca tiene treinta leguas y se va disminuyendo hasta catorce* (Santa Cruz: *Islario general de todas las islas del mundo*).

Las ligaduras de Garay con el río son totales y fuertes. A esta fluencia germinativa abrió las puertas de la tierra, quizá de la libertad, o de una vida nueva (aunque el concepto ofrezca sus dudas), y en la misma fluencia eternizada la muerte airada le abrió las puertas de una comarca todavía más desconocida a él. Río de vida y de muerte. El ser íntimo de la conquista acepta la metáfora del río.

Ahora, a contracorriente, en pleno vigor, va Garay camino de su asentamiento, a estribor se ven las barrancadas altas, undosas, arboladas, y a babor, conforme el bergantín avanza a golpe de viento, los anegadizos, los playazos, el dédalo de arroyos y el sarpullido de las islas. Este es el río de Sebastián Caboto, Cabeza de Vaca, Juan de Ayolas, Diego García, Irala, Pedro Dorantes, Lope de Sousa. Y por este río, junto al entrechocar de los aceros y el estampido de los arcabuces, ha navegado más hambre y más ambición frustada que por cualquier otro río del mundo. Enrique Larreta nos legó una estampa en cierto modo aplicable a la mayor parte de los casos: *Pasan a ambos lados las costas salvajes. Aquélla muy distante, ésta muy próxima. Ha crujido una rama seca. Alguna pesada alimaña. De pronto, en el gran silencio, óyese el grito largo y como sonriente de un pájaro que parece encantado. El viento empieza a cambiar. Las velas dan ahora parchazos contra el mástil. Otra vez el grito del ave. ¿Se burla o quiere decir que ya está cerca la ciudad de los templos de oro y calles de plata? («Las dos fundaciones de Buenos Aires»).*

Ernesto Giménez Caballero, a quien al menos no se le puede negar una longevidad lúcida y una extraordinaria pasión por Paraguay, dice que *el Paraná al desembocar en Buenos Aires es casi un mar, ancho, dilatado, majestuoso, rosa-gris, hermosísimo, impresionante, un Paraná cantado desde Labarden a Rafael Alberti («Revelación del Paraguay»).*

La muerte del adelantado Zárate.– Las continuas adversidades que viene sufriendo desde su salida de España vencen la ecuanimidad del sexagenario y no demasiado competente Juan Ortiz de Zárate, que se torna irascible, contradictorio y pierde el contacto directo con sus gobernados. La equivocada política de vecindad con los indios, la ausencia de una cierta magnanimidad, le acrecientan la natural aversión de éstos, tal como el episodio —no sancionado por todos los comentaristas— en que se negó a dar libertad a un indio a requerimiento de Yamandú, el mismo cacique que llevó a Santa Fe la petición de auxilio del propio adelantado y que además se dice iba recomendado por Garay, tratándose —diríamos hoy— de una especie de *colaboracionista* de los españoles, actitud inapreciable dada la naturaleza de los indígenas.

El día 30 de junio de 1574 se quemó la casa del adelantado, y el accidente, que atribuyó a malquerencia de sus soldados, en unión del hambre ya endémica que padecía el asentamiento, pese a los socorros de Garay, aceleró la idea de salir hacia la verdadera sede de su gobierno, Asunción, lo cual hizo el 15 de diciembre, con la zabra y la carabela de Melgarejo, también presente, y unos cincuenta hombres. Dejó otros tantos en San Salvador al mando de Juan Alonso de Quirós y la promesa de enviar auxilios, que no debieron de ser muchos ni continuados cuando a los tres años la población quedó totalmente desamparada.

Juan de Garay en Santa Fe le dispensó la correspondiente buena acogida y se incorporó a la expedición. Llegaron a la capital del Río de la Plata el día 8 de febrero de 1575, a presencia de Suárez de Toledo y demás autoridades, que rindieron homenaje a Ortiz de Zárate *conforme a las reales provisiones de Su Majestad*. Seguidamente mandó a Garay con víveres y otros pertrechos a Santa Fe y San Salvador, y nombró a Ruy Díaz de Melgarejo teniente del Guayrá. Sometió a juicio de residencia a todos los funcionarios, sentenciando unos casos y remitiendo otros al superior discernimiento de la corte real, con idea de organizar un buen gobierno, al parecer, pero la decisión más chocante y grave fue la de anular las disposiciones tomadas por su antecesor Toledo, a lo que desde luego tenía perfecto derecho; chocante porque con seis meses de antelación las había él mismo ratificado, y grave por incidir en una fuerte trabazón de intereses creados. En la providencia de fecha 22 de octubre de 1575 calificó de *usurpación atrevida y temeraria* la tenencia de Martín Suárez de Toledo y dio *por de ningún valor y efecto todas las encomiendas, repartimientos y demás mercedes que dicho Martín Suárez de Toledo hizo.*

Poco después cayó abatido por la disentería tropical y murió el 26 de enero de 1576, no sin antes hacer testamento, célebre por sus consecuencias. Dejó como heredero universal de todos sus bienes, tanto de España como los del Río de la Plata y Perú, a su hija natural doña Juana de Zárate, que estaba *por Su Majestad legitimada* y que era niña mestiza de dieciséis años, a la sazón residente en Charcas, tenida con Leonor Yupanqui y nieta del Inca Manco.

Los bienes de la herencia no sólo comportaban la fortuna personal, sino los privilegios de gobierno, que en las capitulaciones reales firmadas en España, como se dijo, fueron acordadas por *dos vidas*, con título de adelantado para sí y los sucesores de su casa y mayorazgo, igual que el repartimiento y encomienda de indios y la vara de alguacil mayor. El futuro gobernador habría de ser —condición expresa del testamento— quien se casara con doña Juana (*siempre que casándose con tal persona, que como caballero, pueda gobernar estas provincias*).

Entre tanto no se verificara la transmisión de poderes, nombró gobernador interino a su sobrino Diego de Mendieta, que también sería heredero en el caso de que *dicha Juana muriera antes de tomar estado y tener hijos de bendición,* con el compromiso de Mendieta de adquirir el apellido Zárate. Por último, ante el escribano Bartolomé González y testigos, designó como albacea al escribano mayor Martín de Orúe, persona de *grande y entera confianza*, para intervenir en el asunto del casorio y en los trámites sucesorios en calidad de coadjutor de Mendieta, sólo que al nuevo gobernador eventual le faltó tiempo para marginar a Orúe.

En este punto surge una pequeña confusión entre si Garay fue también nombrado albacea o se le encomendó la misión de ir a Charcas de palabra o en otro testamento inédito, pero lo cierto es que Garay se encargó de cumplir lo que a no tardar se convertiría en un larguísimo peregrinaje y delicado concierto matrimonial que sólo pudo abrirse paso venciendo múltiples dificultades.

Así murió, de *cámaras* (nombre que le daban a la disentería), de unos sesenta y cinco años, el controvertido personaje que estuvo en las filas de Francisco Pizarro, poseyó estancias y minas en el Potosí, obtuvo el adelantazgo del Río de la Plata y no ha pasado a la historia con fama de buen gobernante, como tampoco su sobrino Mendieta, que resultó un joven licencioso, inconsciente y de mal fin.

Juan de Garay, tropero.– Mendieta confirmó a Garay en su gobernación de Santa Fe *con todos los demás oficios y cargos a él conferidos* y le autorizó a realizar una misión previamente encomendada por Ortiz de Zárate, que consistía en traer ganado de Tucumán, conforme al compromiso del adelantado en sus capitulaciones reales, y entenderse con el gobernador, Gonzalo de Abreu, *sobre los términos de estas gobernaciones para luego enviarlos a Su Majestad,* aparte del encargo principal y en principio algo secreto de volver con Juana de Zárate, *y porque yo he enviado para la dicha mi hija a la ciudad de La Plata para que venga* —texto testamentario— *a estar y residir en estas provincias en la dicha ciudad zaratina de San Salvador o a donde más conviniere al servicio de Su Majestad y bien universal de la tierra.*

A esto hay que añadir la recomendación particular de Mendieta por la que urge a Garay pasar de Tucumán *a los reinos del Perú a tratar ciertas cosas con la dicha doña Juana de Zárate.* Los términos *ciertas cosas* han movido la especulación de los historiadores. En resumen, o es una redundancia de Mendieta o bien encubría propuesta de matrimonio, nada más lógico (no hay pronunciamiento).

Garay salió de Santa Fe rumbo a Tucumán en marzo de 1576, con Pedro de la Puente de segundo y algunos soldados. Dejó a Francisco de Sierra a cargo de la gobernación, que un año más tarde sería el autor de la defenestración de Mendieta (con el veterano Sierra ya trabamos conocimiento en el transporte de las carretas por la margen izquierda del Paraná, cuando la fundación de Santa Fe).

El destino último del viaje era la ciudad de La Plata, en la Audiencia de Charcas, donde residía doña Juana de Zárate, y cuya jurisdicción se explayaba por lo que hoy es Perú, Bolivia, Paraguay y parte de Brasil, una barbaridad, pero así como los conquistadores recorrían a uña de caballo inmensas distancias desoladas que aun en nuestro tiempo causan asombro, también debe tenerse en cuenta que su concepción del tiempo difería bastante de la actual y los plazos y las dimensiones temporales que manejaban no tenían por menos que responder al tamaño de sus empresas y a la utilidad de sus medios, lo cual supone una consecuencia lógica y es lo único que ayuda a explicar, por ejemplo, que el fenecido Ortiz de Zárate invirtiera seis años en preparar sus capitulaciones y expedición a las Indias y que Garay, en esta ocasión, no llege a La Plata antes de catorce meses, entreverados de leguas polvorientas, intrigas, combates y negocios.

Se dirigió en primer lugar por el camino de Tucumán a Santiago del Estero, capital entonces de este territorio y la ciudad más antigua de Argentina si se atienden sus sucesivos emplazamientos. El gobernador, Gonzalo de Abreu, como se recordará, sustituo de Cabrera, no le dio demasiadas facilidades para la continuación del viaje —aparte de los plazos normales para dirimir la antigua cuestión de los límites entre las dos gobernaciones— y lo retuvo con diversos pretextos y evasivas ocho meses, bien porque temiera la propagación de sus abusos administrativos o bien —hipótesis de mayor fundamento— con la finalidad de cumplir instrucciones concretas del virrey del Perú, Francisco de Toledo, probablemente relacionadas con la elección matrimonial de doña Juana de Zárate. No debe echarse en olvido la gran importancia de la herencia puesta en juego. La hipótesis se basa en este párrafo de una carta de Abreu al virrey: *...Juan de Garay en su salida a ese reino donde al presente va, que no ha sido posible detenerle hasta ahora que como hombre que no atina más que a sólo su negocio ni mira a la seguridad de su persona* (1577). Lo de no mirar por la *seguridad de su persona* también se le achacará a la hora de su muerte (por Centenera).

No obstante, el *tenaz vizcaíno,* frase por la que comúnmente se le conoce, no perdió la oportunidad de cumplir otro de sus propósitos e hizo una escapada a Santa Fe conduciendo ganado. Por enero de 1577 regresó a Santiago y se encontró con que Abreu estaba de expedición contra las tribus rebeldes calchaquíes para asegurar la ruta del Perú mediante el intento de fundación de un poblado en el valle de Salta. De ello resultaría el efímero San Clemente de la Nueva Sevilla.

Garay, en compañía de otro Zárate, Pedro, que buscaba protección para llegar hasta Jujuy, se incorporó con su escolta a las fuerzas de Abreu, constituidas por más de cien soldados españoles e indios flecheros de sus repartimientos. Sufrieron algunos descalabros. Pero no se explica bien que Garay, por propia voluntad, continuara perdiendo tiempo en la empresa de Abreu, a no ser que le atrajera el gusto por la aventura, el *compañerismo* entre fundadores u otros compromisos ignorados.

Un matrimonio accidentado.– Por fin, Garay pudo proseguir el viaje. Llegó a Charcas a mediados de abril, acompañado del limeño Pedro de Zárate y de Juan Rodríguez, procurador de Tucumán. Volvía a visitar los antiguos rincones de su juventud. Allí conoció a la pequeña Juana, de dos o tres años, ya convertida —según quieren las crónicas amables— en una bella joven de negra trenza, tez mate pálido y ojos soñadores, adornada con la gracia de la buena educación y el hechizo incalculable de la rica herencia.

Un personaje el de esta princesa cuzqueña doña Juana de Zárate que se presta a toda clase de fantasías algo románticas en el próspero y noble ambiente colonial de La Plata. Huérfana, fue llevada a Chuquisaca de pocos años y se educó con toda clase de mimos en casa de Francisco Ceballos, consuegro de uno de los que luego sería pretendiente de la codiciada doncella, Francisco, hijo del licenciado Juan Matienzo, oidor de la audiencia, que en su día recomendara a Ortiz de

Zárate para la confirmación de sus títulos y fue de los primeros que creyeron en la conveniencia de repoblar el Río de la Plata. Otro de los pretendientes era don Antonio de Meneses, protegido del virrey mismo. Entre los dos organizaron una complicada y larga intriga que retuvo a Garay en Charcas todo un año, y vamos a resumir de la manera más breve posible.

Garay dio a conocer a la Audiencia la misión que le traía y depositó una copia legalizada de las disposiciones testamentarias del adelantado Ortiz de Zárate, cuyo fallecimiento ya era conocido; no tanto quizá podía pensarse de las características hereditarias que convergían en una agraciada doncella de noble estirpe incaico-española y en las condiciones concretas de poder que lo convertían en un asunto de Estado. Surgió rivalidad entre los candidatos mejor dotados, ya sin contar con el lejano Mendieta, deportado por su mala cabeza.

A don Antonio de Meneses, ahijado del virrey, y a Francisco Matienzo, hijo del oidor, había que agregar la candidatura de don Juan de Torres de Vera y Aragón, asimismo oidor de la real audiencia de Charcas, el preferido de Garay. Los dos anteriores protagonizaron un debate preñado de argucias y mal estilo, en el sentido de aplicar sus influencias políticas sin excesivos miramientos legales y a veces, por parte del virrey Francisco de Toledo, con abuso de autoridad. Allí el *bueno* de la historia, el más joven y atractivo, era Torres de Vera y Aragón, que finalmente obtuvo la mano de doña Juana y se convirtió en el último adelantado del Río de la Plata.

El licenciado Torres de Vera, natural de Estepa (Sevilla), pasó a Chile en calidad de oidor, al ser creada la Real Audiencia de Concepción en 1565, donde se distinguió por su valor y buenas condiciones militares en la lucha contra los fieros araucanos, de la que salió herido de flecha. Disuelta la Audiencia de Concepción, fue trasladado a la de Charcas y gozó la protección de su presidente, Armendáriz, que alentaba en la antipatía al virrey Toledo. En Charcas conoció a Garay.

Nuestro héroe se presentó en la Audiencia y solicitó, con éxito, que doña Juana pasara a vivir de la casa de los Ceballos a la de don Fernando de Zárate y su esposa, doña Luisa de Bivar, tíos de la niña, con lo que la causa de Torres de Vera y Aragón mejoró sensiblemente, ya que los Ceballos eran parientes y partidarios de Matienzo, se dijo, sin perjuicio de ciertas acritudes familiares por razón de intereses económicos. Y mejoró hasta el extremo de llegar a acordarse el matrimonio, cuya celebración sólo quedó pendiente de la anuencia real. Mientras tanto, el virrey y el licenciado Matienzo ponían en juego todos los recursos de legalidad aparente que su posición e influencia les permitían para impedir el enlace matrimonial.

En consecuencia, el virrey Toledo envió al oidor Matienzo una injusta provisión (que éste, por ausencia transitoria en la corregiduría de Potosí, hizo intentar cumplir al alguacil mayor Diego Caballero de la Puente, el cual se presentó con el escribano Francisco de Logroño en casa de los tutores, previo aviso de las personas que tenían que comparecer) ordenando librar *a doña Juana de Zárate del poder de cualquier persona que la tuviera a cargo* y entregarla al licenciado Gómez Hernández para que el mismo, *trayendo en su compañía alguna mujer honesta y vieja venga hasta Potosí y de aquí pase con doña Violante* (doña Violante de la Cerda, mujer de Gómez Hernández) *a la ciudad de Arequipa.* Las personas de comparecencia, además de Gómez Hernández y los dueños de la casa, eran Juan de Garay y su lugarteniente Pedro de la Puente. A partir de Arequipa la significada muchacha quedaría a cargo del virrey para su traslado a Lima, donde se resolvería el caso a modo y conveniencia. El virrey incluso previno que de los bienes de la huérfana casadera se extrajeran dos mil pesos ensayados a entregar *al dicho licenciado Gómez para los gastos de la jornada.*

Conviene consignar aquí, en cierto modo para aliviar tan pesada nomenclatura inevitable, la ira matizada que el episodio causa a Groussac, que de mostrar la ineptitud moral del virrey Toledo pasa a culpar de todos los abusos en el Nuevo Mundo y en España a Felipe II, sombrío *demonio del Mediodía* y cuyo tiránico reinado no fue otra cosa que una escuela de corrupción, de intolerancia y de crueldad, con lo que el eximio historiador se abandona de pronto al juego sentimental y maniqueísta de la denostada *leyenda negra* y olvida sus propias y largamente exhibidas reservas contra procedimientos de análisis tan evidentemente expeditivos. A estos efectos, casi no importan tanto los hechos como el énfasis y el tono, ya sea encomiástico o desestimativo, porque tales hechos nunca se conocen de manera tan exhaustiva que permitan una condena moral absoluta e impregnada de celo personal.

De modo que el alguacil Caballero de la Fuente se presentó el primero de diciembre (seguimos en 1577) en casa de los Zárate para hacer efectiva la orden virreinal, a cuya lectura respondió el dueño *que la oía,* y también doña Juana, agregando que *en lo demás ella respondería,* sentada en el borde de la cama de su tía Luisa. Tras manifestar el licenciado Gómez Hernández su disposición para llevar consigo a doña Juana con la necesaria dignidad y respeto, se procedió a realizar convencionalmente la ceremonia de entrega, consistente en las acciones simbólicas que el documento de la época describe: *In continenti el alguacil mayor se levantó de su silla y llegó a donde estaba doña Juana, junto al dicho licenciado Gómez, y dijo que en cumplimiento de la provisión de su excelencia y comisión del licenciado Matienzo entregaba a la dicha señora Juana en poder de dicho licenciado, a la cual tomó por el canto de la ropa y la entregó al susodicho...*

La respuesta de doña Juana fue que *aunque yo quede obligada y haya recibido mucha merced en que su excelencia haya tenido cuidado de elegir la persona con quien yo me hubiese de casar... la provisión llega tarde por haber muchos días antes, con acuerdo y parecer de mis deudos, determinado de tomar estado escogiendo persona en quien concurren las cualidades requeridas...* Pidió la dejaran en su libertad o, de lo contrario, apelaría al rey. Le dieron testimonio de ello.

Firmado *de su nombre ella misma,* doña Juana entregó al día siguiente un documento al escribano Logroño con destino al alguacil mayor, quien fue difícil de localizar, en el que protestaba del agravio que se le quería inferir.

Al otro día, 3 de diciembre, tuvo lugar la muy asendereada boda de doña Juana de Zárate y el licenciado Juan Torres de Vera y Aragón, con ceremonia pública que se celebró en casa de los Zárate al anochecer, pasada la *hora de vísperas,* oficiada por el provisor del obispado y con asistencia, entre otras personalidades, del deán Urquizu, el presidente de la Audiencia, Armendáriz; el propio Gómez Hernández, oidores, amigos y, naturalmente, Juan de Garay. Este, desde el fondo de la pieza, relajado por primera vez en el rumor de las conversaciones amigas, contemplaría satisfecho la culminación del delicado encargo que le hiciera Juan Ortiz de Zárate, con lo que se prueba, una vez más, la capacidad de Garay para resolver asuntos fuera del campo de batalla y compatibilizar al hombre de acción con el hombre áulico o de gobierno, elementos difíciles de conciliar.

Con el enlace matrimonial no concluyeron, como es casi de suponer, las intrigas, las amenazas y los pleitos. La reacción del virrey Toledo, dentro de un intercambio de cartas y equívocos inquietantes, no se hizo esperar y llegó en forma de conminación de fecha 27 de febrero de 1578 para que el flamante marido —que tuvo a lo largo de todas estas incidencias sobradas ocasiones de ejercer sus buenas dotes profesionales— *no usase el oficio de oidor por haberse casado sin licencia,* ni abandonara, en unión de su mujer doña Juana, *hija mestiza del adelantado Zárate,* la provincia de Charcas para ir a la de Paraguay como gobernante, *según estaba informado que pretendían hacerlo (...) hasta que Nos proveamos otra cosa.* La pena de la desobediencia era perder todos sus bienes. Garay tuvo que comparecer dos veces como testigo ante la Audiencia. Gracias a los documentos devengados conocemos hoy sus datos biográficos.

A pesar de la oportunidad que brindaba el regreso

de Garay al Río de la Plata *con veinticinco soldados,* de lo que hubo comunicación al rey, Torres de Vera y doña Juana permanecieron en Chuquisaca dos años más, velando por las legitimidades de cargo y herencia. No se ha probado la especie de que el virrey dictara auto de prisión contra Torres de Vera y Juan de Garay, que éste impidió huyendo a Tucumán (Martín del Barco Centenera), aunque es probable que el primero, si no estrictamente en la cárcel, viviera constreñido como por los muros de una cárcel en la ciudad virreinal, donde fue exigida su presencia. En ese tiempo doña Juana de Zárate, con su primogénito (Juan Alonso de Vara y Aragón, futuro gobernador de Tucumán), se internó en el *monasterio de monjas de Nuestra Señora de los Remedios,* en La Plata.

La sustitución del tiránico Francisco de Toledo por un nuevo virrey, Martín Henríquez (1581), permitió que Torres de Vera y Aragón recuperara su libertad de movimientos y ejercicio del cargo de oidor, pero no hubo evidente solución del problema mayor —el adelantazgo del Río de la Plata— y sufrió nuevos enfrentamientos con la justicia, aparte de que el rey y el Consejo de Indias, haciendo oídos sordos a la reclamación planteada, nombraron nuevos gobernadores para la citada provincia (Vasco de Guzmán, Martín García de Loyola), que renunciaban sucesivamente.

La probanza de la legitimidad del nuevo adelantado Juan Torres de Vera y Aragón se estiró como una pesadilla sin fin, de manera que éste no viajó a Paraguay y se hizo cargo de la gobernación hasta 1587, fecha en la que ya ha muerto Garay y también se ha consumido como una flor trunca doña Juana de Zárate, fallecida en 1584, por lo que el futuro de este novelesco matrimonio escapa a nuestro marco temporal. No obstante, diremos que Torres de Vera regresó desanimado de un viaje a España y abandonó la lucha por sus muchos pleitos y asuntos, retirándose en 1591 a Charcas (La Plata), donde moriría poco después.

Nuevo nombramiento de Garay.– Lo que importa ahora para la continuidad de la historia es que el 9 de abril de 1578 le fue conferida al general Juan de Garay su nueva autoridad de gobernador, capitán general y alguacil mayor del Río de la Plata, con amplias facultades, ya que su dador el licenciado Torres de Vera y Aragón, a título de adelantado de la citada gobernación, no puede ir en persona *por impedírselo su real servicio en el cargo de oidor de la Audiencia.*

La enumeración de los méritos de Garay por el oidor no ofrecen lugar a dudas respecto a su carácter y aptitudes, pues se trata de *persona de confianza y discreción que ha servido a Su Majestad en la dicha tierra con cargos preeminentes, y que de todo lo que se le ha encomendado ha dado buena cuenta, y tiene en paz y justicia la dicha gobernación entendiendo en cada cosa con rectitud y bondad.*

Por su trayectoria vital ya hemos comprobado qué clase de persona es Garay, mas las palabras antes citadas de Torres de Vera suplen cuantos esfuerzos podamos hacer en este sentido. Y tampoco está de sobra —si queremos equilibrar la balanza— reconocerle algunos detractores, entre ellos, el autor de *Argentina,* el clérigo extremeño Centenera, sólo que en verdad este personaje no ofrece muchas garantías morales ni tampoco literarias, como veremos en otra ocasión.

Garay fue también autorizado a gastar lo necesario en la población y mejora de estas provincias y a *poblar* —repitiendo la vieja aspiración— *en el puerto de Buenos Aires una ciudad, intitulándola del nombre que le pareciere.*

De vuelta a los lares.– Receloso de las añagazas e intereses rivales de Gonzalo de Abreu, gobernador de Tucumán, Garay orientó su viaje de vuelta a Santa Fe por una ruta distinta. Determinadas informaciones de escaso fundamento quieren ver a Garay y su gente huyendo a uña de caballo perseguidos por un mandato del virrey Toledo. Esto no quita para que en el camino tuvieran alguna incidencia proclive a desembocar en enfrentamiento de guerra con un tal Bartolomé Valero, perteneciente a la esfera de Abreu y persona de relieve en Talavera. Hasta aquí llegaron los veinte o treinta hombres de Garay tras su recorrido por las quebradas y llanos y aquí les alcanzó un requerimiento de Abreu, el cual sabía —según documento de 2 de junio de 1578— que Garay iba con *propósito y destino de pasar de largo por el río Salado abajo sin llegar donde estaba el gobernador.* Y encomendó a su teniente Martín Mejía Mirabal, a quien se le atribuyen buenas dotes diplomáticas, *para que vaya a la ciudad de Talavera o a donde topare al dicho capitán Juan de Garay, no pudiendo ir de presente su señoría por estar enfermo* (se advierte el ruego y no la imposición tajante), *y de parte de Su Majestad y mía le requiera para que se venga con su gente a esta ciudad* (Santiago del Estero) *para que de ella siga su jornada para la gobernación del Paraguay, donde dicen va, por camino real* (la invocación de Su Majestad disminuye el aserto del ruego y, de cualquier forma, Abreu reaparecerá pocos años más tarde como verdaderamente enemigo de Garay).

La intervención de Mejía Mirabal pudo evitar una refriega. Garay se dejó convencer por sus razones, desviándose del itinerario marcado para tomar el *camino real.* Con la buena acogida de Gonzalo de Abreu, estuvo en Santiago varios días *en mucha conformidad, paz y amistad y dándosele aviamiento para su viaje.*

Por su larga ausencia, es obvio que el regreso a Santa Fe, a su verdadero hogar, tuvo que revestir caracteres de júbilo y de gran interés por las novedades familiares y políticas del sitio, entre otras, las referidas al final airado del gobernador interino Diego de Mendieta, el sobrino de Ortiz de Zárate. Los habitantes de Santa Fe —con Francisco de Sierra y en ausencia de Garay—, hartos de las prácticas disolutas y abusivas del mozo Mendieta, lo habían metido preso y embarcado después para España (Mendieta fue abandonado en la costa antes de salir del Río de la Plata y no se volvió a saber nada más de él).

Garay se dio un poco de reposo. En la segunda quincena de agosto volvió a ponerse en marcha con destino a Asunción, adonde llegó el 15 de septiembre de 1578. Fue recibido con los honores de rigor y el acatamiento del cabildo y demás autoridades a su nueva dignidad, según los testimonios documentales, *al uso y ejercicio de los cargos y oficios de teniente de gobernador y capitán general de estas provincias por el muy ilustre señor licenciado Juan Torres de Vera y Aragón* (en las Indias seguramente se cometieron atrocidades, pero desde luego nunca faltaron la pompa y precisión de la legalidad escritural).

El niño aldeano que salió de España con su tío el oidor Zárate alcanza ahora, cerca de los cincuenta años, su más alta calificación, asumiendo el destino de tan vastos territorios como eran los del Río de la Plata, cuya riqueza profunda, en vez de la mítica y fría plata, estaba en el mismo *humus* de la tierra fecundada por sus poderosas aguas fluviales.

OTRAS EXPEDICIONES

Disparidad de criterios.– La base de la reconstrucción de la historia de Indias se halla lógicamente en los documentos de la época (cartas, actas, probanzas de servicio), en los relatos o crónicas de testigos presenciales y en las obras de los historiadores primitivos que oyeron contar cosas. Contrastando documentos y crónicas, la historiografía contemporánea puede a veces demostrar que determinados episodios e interpretaciones carecen de consistencia real, se inspiran en bulos o leyendas o confunden el orden cronológico.

Uno de los cronistas directos del Río de la Plata, que vivió *in situ* parte de los acontecimientos, es el discutido arcediano Martín del Barco Centenera, autor, como ya se ha dicho en otras ocasiones, de la crónica rimada *Argentina y* (título completo) *conquista del Río de la Plata,* en la que por cierto y como también anotamos minusvalora un tanto la personalidad de Garay, que fue precisamente uno de sus benefactores al nombrarlo algo así como *protector de indios.*

Tras las inmediatas tareas de gobierno en Asunción durante lo que restaba de año, Juan de Garay hizo al año siguiente (1579) dos incursiones más antes de acometer su gran empresa del sur: una, río Paraguay arriba, para pacificar el alzamiento de tribus guaraníes, y otra, más norteña, a los territorios bañados por el río Mbotetey para poner orden entre los indios nuarás. Aparte de las naturales fatigas, esta jornada transcurrió sin mayores incidentes, y es aquí, según Groussac, donde *el inefable Centenera, que iba de capellán bautizando indios a granel, inventa el famoso episodio del mago Oberá,* magnificado por otros cronistas del mismo estilo (Pedro Lozano, S.J.).

Consistió el episodio en la existencia de un indio llamado Oberá (*resplandor*) que, convertido al cristianismo, hizo creer a su gente que era hijo directo de Dios y hermano menor de Cristo y predicó la guerra contra los españoles, un *iluminado* de corte europeo en aquellos confines. Reunió tal cantidad de prosélitos que Garay empezó a preocuparse y cargó contra los rebeldes, obteniendo una victoria descomunal. Ahí es nada: treinta soldados españoles contra cuatro mil indios. Pero el episodio no aparece en ningún documento y hay que considerarlo una fantasía o, mejor dicho, la expresión legendaria de una necesidad de independencia que ulteriormente se pondría de manifiesto con la obra evangelizadora de las misiones jesuitas.

Con todo, la leyenda de Oberá sirve de pretexto a Groussac para trazar un cuadro desolador de Centenera, que posee todas las características del pícaro absoluto, clericante comisario del Santo Oficio, a quien acusaron en un proceso promovido por el visitador Ruiz de Prado de *truhán que traficaba con su oficio, se embriagaba en orgías públicas, tenía relaciones amorosas con mujeres casadas (...) por cuya causa se le condenaba a multa y privación perpetua de éste y cualquier otro oficio.*

Sin embargo, Centenera suministra datos con frecuencia irremplazables y revalorizados por otros investigadores, entre ellos Enrique Gandía, aunque nosotros no hemos detectado especialmente que Groussac tuviera *antipatía por todo lo español, sólo por ser español.* Con excepción del sumarísimo juicio sobre el reinado de Felipe II, más bien se trata de objetividad atenta a las debilidades de la naturaleza humana y amor por la verdad más problable.

Es a fines de 1579 cuando Juan de Garay, ya impuesto en los problemas de Santa Fe y Asunción, tras las campañas pacificadoras, se dispone a organizar los preparativos de una nueva fundación que respondiera como en el caso santafecino a la necesidad de *abrir puertas a la tierra,* siguiendo primero las exhortaciones contenidas en el documento que le otorgaba la gobernación de aquellos ámbitos (*poblar en el puerto de Buenos Aires una ciudad intitulándola del nombre que le pareciere*) y, segundo, como respuesta al viejo anhelo de interés geográfico, mercantil y civilizador que había latido en el pecho de los conquistadores que le precedieron, pioneros del hermoso estuario. Requieren una breve nota retrospectiva.

Años atrás: descubrimiento del Rio de la Plata. – Sesenta y ocho años antes de que Juan de Garay iniciara los aprestos para, una vez más, descender por el Paraná yendo hacia la gran ensenada abierta al Atlántico y establecer en una de sus riberas otra aldea con mayor sentido estratégico que las anteriores, el piloto mayor del rey, Juan Díaz de Solís, natural de Lebrija (interesa especificar el sevillanismo de Solís porque otras plumas lo quieren disparatadamente portugués), navegando con licencia y a su propia costa por el derrotero de los Pinzón —deleitémonos con el lenguaje de los cronistas primeros—, *tropezó con un grandísimo río que los naturales llaman Paranaguazú, que quiere decir río como mar o agua grande* (López de Gómara).

Solís vio en él *señales de plata, y lo nombró con este nombre* (1512). Agua Grande, Mar Dulce o de Solís, acababa de ser descubierto el Río de la Plata (algunos historiadores niegan este primer viaje), aunque en principio todo el interés del abra se remitía a la necesidad acuciante de hallar un paso que comunicara con el recién descubierto por Vasco Núñez de Balboa Mar del Sur y las islas de la especiería y permitiera respetar la división establecida por el tratado de Tordesillas, enlazando expeditivamente con *las espaldas de la tierra.*

El piloto mayor vio el buen natural de la gente y de la tierra, puso cruces en los grandes árboles, cargó palo de tinte y volvió a España. Dio cuenta de su descubrimiento al rey Fernando el *Católico* y pidió la gobernación de aquel río, que le fue concedida, por lo que armó tres navíos y volvió a salir casi clandestinamente de Sanlúcar de Barrameda el 8 de octubre de 1515 rumbo al Mar Dulce.

Es bien conocido el resultado trágico de este viaje, que inauguraba la exploración y conquista de lo que más tarde, a partir de Mendoza, se llamaría Río de la Plata. El piloto mayor Díaz de Solís, animado por la primera buena impresión y deseoso de reconocer la tierra, bajó en un batel con algunos hombres y cayó en la emboscada que le tendieron los indios guaraníes (en la costa uruguaya), los cuales, al parecer, cometieron acto de canibalismo (1516) ante la mirada atónita y horrorizada de los que aguardaban en las naves. Incapaces de vengar la muerte de su jefe, volvieron a España *corridos y gastados.*

Magallanes, Caboto, Diego García.– A principios de 1520, en demanda de las Molucas, el portugués Hernando de Magallanes, al servicio de Carlos I de España, exploró el Río de la Plata hasta comprobar que no se trataba de un estrecho ni permitía, por tanto, el ansiado paso al Mar del Sur (llamado Pacífico sólo después de Magallanes). Prosiguió viaje rumbo patagónico. Iba, sin saberlo, camino de la primera vuelta al mundo, que completaría Juan Sebastián de Elcano.

El sucesor en el pilotaje mayor de Vespucio y Solís, el veneciano Sebastián Caboto, también bajo los auspicios de la corona española, partió de Sanlúcar el 5 de abril de 1526 con el encargo de seguir la ruta magallánica *para hacer rescates y cargar los navíos con oro, plata, piedras preciosas, perlas, drogas, especierías, sedas, brocados y otras cosas de valor,* pero en Pernambuco oyó Caboto otro canto de sirenas en forma de espectaculares relatos sobre las fabulosas riquezas que albergaba la sierra de la Plata, a la que daba acceso el río descubierto por Solís, y desvió su rumbo inicial, adentrándose en estos parajes fluviales (1527) y navegando por el Paraná de las Palmas hasta la desembocadura del Carcarañá, donde fundó el fuerte de Sancti Spiritus, como sabemos, de mucha relevancia en exploraciones y referencias de la zona.

Siguió Caboto Paraná arriba y alcanzó la desembocadura del río Paraguay. Un ataque indio le obligó a volver al fuerte y entonces, sorpresivamente, se tropezó con otras naves europeas, que eran las de Diego García, experto marinero onubense. Diego García navegó antes con Solís y Magallanes y ahora iba fascinado y también desviado de las órdenes de su capitulación en busca de la misma y mítica riqueza.

Los dos exploradores, no sin las consiguientes disputas previas, decidieron unir sus fuerzas y buscar juntos los tesoros ocultos, al tiempo que recorrían islas y cauces imponiendo castigos a los indios. La represalia más sonada de éstos, en ausencia de Caboto y García, fue destruir el fuerte de Sancti Spiritus y matar a la mayoría de sus ocupantes. Sin riquezas, fracasados y con harta mala conciencia, Sebastián Caboto y Diego García regresaron a España a rendir cuentas.

De las expediciones ordenadas por Caboto con base en Sancti Spiritus sólo volvió la del capitán Francisco César con noticias extraordinarias referidas, sin saberlo, al imperio incaico del Perú, y aquí tomó cuerpo la leyenda de la ciudad de los *Césares,* por César y su gente, lo que venía a dilatar el profundo espejismo que, unido al Rey Blanco y a la sierra de la Plata, sirvió de primer estímulo enérgico para, no obstante, la tardía conquista y colonización de Sudamérica. La primera fase de descubrimiento y exploración del Río de la Plata, con la visita del portugués Pero Lope de Sousa, termina aquí. La escapada de Sousa provocó la protesta de España ante Portugal, en reivindicación de sus derechos. Y Lope de Sousa, en el *Diario* que dejó, quizá fue el primero que experimentó o expresó la belleza del paisaje, que por su clima, sus aguas, fauna y flora dejó *pasmados* a los hombres.

Se ve que América es una disputa permanente y descomunal. Disputan las tribus de indios entre sí, disputan los capitanes, disputan los reyes, las naciones, las cancillerías, el papado... y disputa la nube de historiadores en el empeño de la reconstrucción veraz de los hechos.

Francisco Morales Padrón también ha visto que la

prosperidad de la gente que arribe a esta zona se hallará en el cultivo agrícola y ganadero, con ayuda de la mano de obra indígena, *que mantiene una concepción tribal de la sociedad que obliga a un lento avance, pues hay que ir venciendo uno a uno a todos los caudillos («Historia del descubrimiento y conquista de América»).* Añade Morales que a pesar del bajo índice cultural y social del indígena los pobladores se mezclarán enormemente, forjando una *sociedad de la tierra* de influencia pronta. En Paraguay fueron los hombres los que requirieron la ayuda de las mujeres para no ser comidos por los antropófagos y polígamos guaraníes: *Si los españoles no se convertían en parientes, cuñados y yernos de los guaraníes* —observa Enrique de Gandía—, *éstos los habrían aniquilado y comido.* Así era fácil encontrar a españoles *casados* cada uno con decenas de indias (notas a *Argentina,* de Guzmán, en *Historia 16*) y vestidos *de venado curtido con grasa de peces.*

La rivalidad con los portugueses, la demanda de un estrecho para acceder al Pacífico, las leyendas de riquezas sin cuento, el afán hegemónico, la extensión del cristianismo y la confluencia de las dos corrientes colonizadoras, una del Perú y otra del Paraguay, más la necesidad de un puerto en el este para comunicar con el interior sin la obligación de dar por el sur toda la vuelta al continente, son los enunciados que definen aproximadamente esta fase inicial pobladora en el Río de la Plata.

Pedro de Mendoza y la fundación del Puerto de Santa María del Buen Aire.– Controlar la expansión portuguesa y atravesar la tierra para alcanzar la Mar del Sur se convirtieron en tareas urgentes, sobre todo después de las historias de Caboto y Diego García y la arribada a España de las naves de Cristóbal de Mena y Hernando Pizarro con metales preciosos que fueron exhibidos en la Casa de Contratación, causando el asombro de la gente y un decidido interés por alistarse en la gran armada que se prepara bajo el escudo de don Pedro de Mendoza.

Natural de Guadix (Granada), es Mendoza gentilhombre de Su Majestad el emperador Carlos I y de ascendencia noble, con peculio suficiente para responder a las expectativas de una expedición singular constituida, dice López de Gómara, por *el mayor número de gente y mayores naves que nunca llevó capitán alguno a Indias.*

Las capitulaciones, dado el vivo interés de la corona y la presión de hombres de relieve, se firmaron pronto en Toledo el 21 de mayo de 1534 (Garay por entonces tiene cuatro o cinco años y quizá juega al escondite entre los hayedos de su aldea). Mendoza se comprometía a *conquistar las tierras y provincias que hay en el río de Solís que llaman de la Plata, donde estuvo Sebastián Caboto, y por allí calar y pasar la tierra hasta llegar a la mar del Sur.*

Todo a *su costa y misión* pero con grandes estímulos nobiliario y dinerario tras el levantamiento de tres fortalezas, don Pedro de Mendoza, que iba en calidad de primer adelantado y capitán general de las provincias del Río de la Plata, se responsabilizaba también con el descubrimiento de *todas las islas que hubiere dentro de su jurisdicción, desde el Río de la Plata a la mar del Sur en una extensión de doscientas leguas de largo, desde donde se acaba la gobernación encomendada al mariscal don Diego de Almagro hacia el estrecho de Magallanes.* Por el norte abarcaba la capitulación hasta el Alto Amazonas, lo cual demuestra, en la apreciación recogida por Bibiano Torres (*Los conquistadores andaluces*), cuán ajena se hallaba la corona española de la realidad geográfica de las tierras americanas.

La categoría de otorgamientos y obligaciones le confirió mucha importancia a este viaje, tanto por el volumen de la armada como por la dignidad social de la gente que se enroló, entre caballeros hijosdalgos, capitanes y personas principales. Aparte de una nutrida gama de aventureros, colonos y frailes, con los tripulantes y soldados se mezclaron numerosos extranjeros, ingleses, italianos, portugueses y alemanes (comenzaba así, antes de las riadas inmigratorias del siglo XIX, la característica multirracial argentina), entre éstos el bávaro Ulrico Schmidel, autor de los *Relatos de la conquista del Río de la Plata y Paraguay* que, con los comentarios de Cabeza de Vaca, la crónica de Díaz de Guzmán y los versos de Luis de Miranda y de Barco Centenera, los dos clérigos, forman parte de la documentación básica y vívida de la época y región que nos ocupa.

Con cargos en la armada, es posible citar nombres que adquirirán notable relieve en la empresa de la conquista, tales como Diego de Mendoza, almirante de la flota y hermano del adelantado; Juan de Ayolas, Domingo Martínez de Irala, Juan de Salazar, Alonso Cabrera... y, para ir, iba hasta un hermano de Santa Teresa de Jesús, el joven Rodrigo de Cepeda (parece que encontraría la muerte con los indios payaguaes), así como varias mujeres (algunas disfrazadas), un médico, un cirujano, un boticario (con sueldos estipulados a cargo de Mendoza), mayorazgos, regidores y, en otro orden, cien caballos y yeguas, artillería, avituallamientos, esclavos negros, en total trece barcos (que a partir de Canarias serían dieciséis, aunque no hay acuerdo sobre el número exacto y se barajan cifras distintas) y dos mil hombres, todo lo cual, a renglón seguido del pleito homenaje que los caballeros le rindieron al adelantado ante los oficiales de la Casa de Contratación de Sevilla, demoró en salir más tiempo del previsto a causa de la enfermedad de don Pedro de Mendoza, postrado en cama por el *morbo gálico* o sífilis, que condicionaría crudamente su disposición de gobierno y motivó le aconsejaran desistir, pero ya había empeñado su fortuna y no era cuestión de perder todo el crédito, de modo que mandó soltar amarras en la barra de Sanlúcar el 24 de agosto de 1535.

Tras el romancesco episodio amoroso de Jorge de Mendoza, primo del adelantado, que se enamoró de la hija de un vecino de Palma y quiso secuestrarla; el suceso trágico en Río de Janeiro del joven andaluz Juan de Osorio, maestre de campo, palabrero y rebelde, mandado matar por Mendoza *a puñaladas o estocadas o en cualquier otra manera que lo pudiera ser, las cuales le sean dadas hasta que el alma le salga de las carnes, al cual declaro por traidor y amotinador,* la flota se reunió en enero de 1536 en la isla de San Gabriel, ya dentro del Río de la Plata, y buscó un abrigo en la margen occidental para el desembarco y, oteados los alrededores, establecer el real que condujera a la fundación de un pueblo.

Esto se llevó a cabo (con mayor o menor solemnidad, según todos los rituales exigibles o de manera más aleatoria, que es tema de debate y no hay acuerdo ni en el lugar ni en la estirpe de la ceremonia ni en el día exacto) cerca del hoy llamado Riachuelo, día 2 ó 3 de febrero de 1536, donde se instituyó el Puerto de Nuestra Señora Santa María del Buen Aire, abreviado a no tardar por el más sencillo de Puerto de Buenos Aires, con el adelantado enfermo y la gente preocupada por un futuro amenazador desde la primera y urgente necesidad de procurarse comida, en principio aportada por la buena voluntad de los indios, nómadas, que *durante dos semanas* —dice Schmidel— *compartieron todos los días con nosotros su pobreza de pescado y carne.*

Hecho con endebles materiales de paja y barro se alzó el poblado, una casa fuerte para el macilento Mendoza y chozas o ranchos rodeados de un foso y una tapia. Se intentaron varias expediciones de exploración y busca de víveres, desastrosas, entre ellas la de Juan de Ayolas. La debilidad producida por el hambre causaba estragos, a la par que crecían el desencanto y la frustración por la ingratitud de la tierra y la audacia hostil de los indios, que en la primera batalla o primer enfrentamiento serio, conocido por el de Corpus Christi (15 de junio de 1536), demostraron no amedrentarse por el efecto de los caballos y las armaduras y saber manejar mortíferamente sus armas, entre las que se contaban las boleadoras (de piedra). Mataron a Diego de Mendoza, hermano del adelantado, y a varios capitanes (Galaz de Medrano, los Benavides, Pedro Luján, que dio nombre a un brazo del delta paranense) y treinta soldados, aunque por parte de los indios churrúas las bajas fueron muy elevadas.

El hambre.– El triunfo de los españoles en el encuentro de Corpus Christi no fue nada glorioso, ya que las consecuencias —el largo asedio del poblado por los indígenas— produjeron una verdadera catástrofe de hambre. *Era tanta la pobreza y el hambre* —escribió Ulrico Schmidel—*que no había bastantes ratas, ratones, serpientes ni otros bichejos inmundos para aplacar el hambre tan grande e infame.* Se comió hasta el cuero de los zapatos. Tres pobladores robaron un rocín y lo comieron, sin respeto por el riguroso racionamiento. Sabido el hecho y ahorcados, *aquella misma noche otros tres españoles fueron al cadalso donde estaban los ahorcados y cortaron los muslos y otros grandes pedazos de carne y los llevaron para matar el hambre.*

Flechas incendiarias acabaron con las chozas. Los famélicos invasores, con su jefe llagado por la enfermedad y obsesionado por el mal sino que le deparó la muerte de Osorio, dieron sin embargo muestras de tenacidad, secundados por las mujeres, auténticas heroínas, como aquella Isabel de Guevara cuyas palabras epistolares le parecían a Enrique Larreta la más hermosa página de toda la literatura soldadesca que dejó la España de Carlos I y de Felipe II: *Vinieron los hombres en tanta flaqueza, que todos los trabajos cargaron de las pobres mujeres, así en lavarles las ropas como en curarlos, hacerles de comer lo poco que tenían, limpiarlos, hacer centinela, rondar los fuegos, armar las ballestas, cuando alguna vez los indios les venían a dar guerra...* .

Al regreso de Ayolas, después de fundar el asentamiento de Corpus Christi, donde los indios les dieron buen trato y comida, ya había pasado la tragedia del asedio. Pedro de Mendoza, algo más esperanzado, se trasladó con cuatrocientos hombres a este último punto, pero llegó en tan mal estado que *no podía mover manos ni pies.*

En Corpus Christi se reprodujeron los sueños de riqueza, alimentados por la aparición de un soldado de Caboto henchido de historias espejeantes. Nuestra

Señora de la Esperanza es el nombre que recibió otra fundación de Mendoza al sur de Corpus Christi.

Juan de Ayolas con tres barcos y ciento setenta hombres remontó el Paraná (1536) *a descubrir este río y a que viese por vista de ojos donde hubiese cantidad de metal o minas de donde se saca,* llevando con él, entre otros oficiales, a Juan Ponce de León (no confundir con el descubridor de la Florida), Rodrigo de Cepeda y Domingo Martínez de Irala. Mientras tanto, don Pedro de Mendoza, ya con las ulceraciones que le impedían incluso firmar y doblegado por la exhalación húmeda y tórrida del río, regresó a Nuestra Señora del Buen Aire, donde estaba surta la nao *Santa Catalina* que meses antes saliera al mando de Gonzalo de Acosta para buscar víveres en Brasil.

Don Pedro, inquieto por Ayolas, mandó en su busca dos naves recién construidas, al mando de Juan de Salazar y Gonzalo de Mendoza, que de paso debían ayudar al sostenimiento de los puertos Corpus Christi y Buena Esperanza, sustitutos en principio de la ya pensada despoblación de Buenos Aires, de sus terrenos anegadizos y de sus nulas posibilidades de subsistencia. La idea de Mendoza era llevar toda la gente río arriba o alcanzar la costa del Pacífico donde tenía la concesión de las docientas leguas.

Muerte de Pedro de Mendoza. – Pero Juan de Ayolas tardaba y la resistencia física del adelantado entró en su fase final. Tomó la resolución de volver a España y dictó lo que serían sus últimas instrucciones. Nombró a Juan de Ayolas su teniente de gobernador y a Francisco Ruiz Galán en funciones de sustituto. Después de diversas órdenes y consejos relacionados con una posible cesión por ciento cincuenta mil maravedís (o sólo cien mil) a Diego de Almagro de la porción de costa que le correspondía en el oeste, una vez *calada* la tierra, escribió estas palabras bien amargas y muy propias por lo demás de la grandeza y miseria de los conquistadores: *Y si Dios os diere alguna joya o alguna piedra, no dejéis de enviármela, porque tenga algún remedio de mis trabajos y de mis llagas... Alguna perla o joya, que ya sabéis que no tengo qué comer en España.*

A bordo de la nave *Magdalena,* el 23 de abril de1537, tras penosa agonía, murió el primer adelantado del Río de la Plata y su cadáver fue arrojado al mar. Mejor así para un gentilhombre *habituado a los gajes palatinos y a los menesteres de las cámaras regias* que no tenía qué comer en España.

Santa María del Buen Aire es el foco inicial del que irradian todos los personajes —Juan de Salazar, Ruiz Galán, el desaparecido Ayolas, Domingo Martínez de Irala, con la incorporación de Alonso Cabrera y del segundo adelantado Cabeza de Vaca— que han de configurar el mundo de Juan de Garay con su venida del Perú, y en torno a Asunción, el fuerte que fundara Juan de Salazar el 15 de agosto de 1537 y que a los pocos años remplazó por completo a la célebre matriz de esta oleada.

El primer Buenos Aires se mantuvo de febrero de 1536 a junio de 1541, en que por disposición de Irala y Cabrera y respondiendo a un sentir ya inveterado que toma el sustento de la cada vez mayor proximidad a las soñadas riquezas, fue despoblado y quemadas sus pocas casas de tablas y barro, lo cual no impide que se tratase, como dice Larreta, de un *lugarejo que los indígenas empezaban a favorecer con su indiferencia.* El piloto Benito Luis, testigo de la despoblación, escribió que con sus bastimentos, ganados, hortalizas, gallinas y todas las cosas necesarias *era como estar en un lugar abundoso de los de España.*

El resto de los acontecimientos, mejor o peor narrados, hasta que Garay, cumpliendo el movimiento de diástole de toda palpitación, se aproxima de nuevo a la ribera occidental del Río de la Plata, es ya conocido de nuestros lectores.

Es posible estar de acuerdo con Gianello: *Habitualmente se habla de la segunda fundación de Buenos Aires. Cabe señalar que la Buenos Aires actual, la Buenos Aires ciudad, tiene una sola fundación y un solo fundador: Juan de Garay.* Y esto es lo que vamos a ver en las páginas siguientes.

FUNDACION DE BUENOS AIRES

Retorno a Garay: preliminares bonaerenses.– Como respuesta a una necesidad geopolítica largo tiempo sentida, la de poblar o repoblar en uno de los puntos estratégicos del estuario rioplatense, Juan de Garay, casi medio siglo después de Mendoza y en su calidad de gobernador, capitán general y alguacil mayor de estas vastas regiones, dignidades que le confiriera el adelantado Juan Torres de Vera y Aragón, proclamó en Asunción a principios de 1580 el bando para fundar una ciudad en el antiguo puerto de Santa María del Buen Aire y, como esta vez ya no competía basar los estímulos en riquezas de plata y piedras preciosas, aparte de los habituales solares y encomiendas de indios, prometió la adjudicación de las manadas de caballos y yeguas silvestres que vagaban por las llanuras —la pampa— y que se habían reproducido asombrosamente desde el tiempo de los primeros colonizadores.

Unos sesenta hombres acudieron al reclamo, jóvenes en general y *mancebos de la tierra,* criollos o mestizos, listos para embarcarse en la aventura a su propia costa con bagaje de armas, caballos o ganado. Las crónicas citan a una sola mujer, Ana Díaz, viuda, según parece, que no quiso separarse de su hija, casada con uno de los pobladores.

La expedición se dividió en varios contingentes. El grupo de avanzadilla salió río abajo en febrero de 1580, al que siguió otro por tierra, como en el caso de Santa Fe, con el ganado y los pertrechos de mayor volumen, al mando de Alonso de Vera, sobrino del adelantado y conocido por el curioso apodo de *Cara de perro.* Juan de Garay, con el resto de la expedición, integrada por la carabela *San Cristóbal de Buena Ventura* (remozada y que después del asentamiento iría a España con el franciscano en misión proselitista fray Juan de Ribadeneira), dos bergantines y otras embarcaciones menores, zarpó a mediados de marzo. Hizo una larga escala en Santa Fe, donde se agregaron algunos otros expedicionarios, y el 29 de mayo de 1580 se entiende que fondeó en el Riachuelo (antes Riachuelo de los Navíos). Era domingo, día de la Trinidad, y esta coincidencia sin duda influyó como fuente de inspiración para nombrar el proyecto fundador.

La fundación. – Ya se acabó la epopeya y *empiezan ahora el orden y el provecho,* a juicio de Larreta. Es cierto, la etapa de Garay corresponde a la maduración de la conquista y en su figura se da la doble efigie transitiva del conquistador-colonizador. Desembarcados los pobladores, fue elegido el emplazamiento de la nueva ciudad media legua al norte de la antigua y ya inexistente Santa María del Buen Aire mendocina. El centro de ese terreno, desmalezado, correspondía a lo que actualmente es la plaza Mayor o plaza de Mayo.

El 11 de junio de 1580, con todos los ceremoniales de rigor, se procedió a la fundación de la Ciudad de Trinidad, de acuerdo en parte con las disposiciones contenidas en el libro IV, título V de las Leyes de los Reinos de las Indias: recomiendan que *el cielo sea de buena y feliz constelación, claro y benigno, el aire puro y suave (...) el temple sin exceso de calor o frío,* con pastos, agua, leña y naturales *a quien se pueda predicar el santo Evangelio,* en teoría, función primordial.

Garay dejó atrás —en la prosa con vocación lírica de Agustín Zapata, muy característica de estos comedios— *la muralla del bosque escapándose por la brecha abierta por el río y se encontró otra vez en la barranca donde los algarrobos clavaban las manos crispadas de sus raíces, con los anegadizos erizados de cortaderas y totoras y con el ombú rotundo y obeso, sentado sobre la tierra espesa en medio de la pampa donde los ojos corrían a lo largo del alambre tenso del horizonte.*

Reunidos los pobladores bien de mañana sobre el terreno de la futura plaza Mayor, en el aire fresco del postrero otoño fluvial, ataviados con sus mejores y posibles galas, tuvo lugar ante el escribano Pedro de Jerez y testigos la ceremonia solemne, que comenzó con la lectura del acta fundacional, cuya transcripción sin comentarios es elocuente y paradigmática de esta clase de rituales, al tiempo que nos sirve de recordatorio fidedigno sobre las trasmisiones y legitimaciones de poderes, nombre verdadero de la ciudad, cargos, testigos, etc. Es la mejor manera de solventar los matices —y equívocos— a que las diversas interpretaciones han ido dando lugar. *En nombre de la Santísima Trinidad, Padre e Hijo y Espíritu Santo, tres personas y un solo Dios verdadero que vive y reina por siempre jamás amén y de la gloriosísima Virgen Santa María, su madre, y de todos los santos y santas de la corte del cielo* —dice el acta—, *yo, Juan de Garay, teniente de gobernador y capitán general y justicia mayor de todas estas provincias por el muy ilustre señor licenciado Juan de Torres de Vera y Aragón, del consejo de Su Majestad y su oidor en la real audiencia de la ciudad de La Plata en los reinos del Perú, adelantado y gobernador y capitán general y justicia mayor y alguacil mayor de estas dichas provincias del Río de la Plata por la majestad real del rey don Felipe, nuestro señor, conforme y al tenor de sus reales provisiones y capitulación dadas y hechas con el muy ilustre señor el adelantado Juan Ortiz de Zárate y, en lugar del dicho señor licenciado Juan de Torres de Vera y Aragón, adelantado su sucesor, y en nombre de la majestad real del rey don Felipe, nuestro señor, hoy, sábado, día de nuestro Señor San Bernabé, once días del mes de junio del año del nacimiento de nuestro redentor Jesucristo de 1580, estando en este puerto de Santa María de Buenos Aires que es en las provincias del Río de la Plata, intitulada nuevamente la*

Nueva Vizcaya, hago y fundo en el dicho asiento y puerto una ciudad, la cual pueblo con los soldados y gente que al presente tengo y he traído para ello, la iglesia de la cual pongo su advocación de la Santísima Trinidad, la cual sea y ha de ser iglesia mayor y parroquial contenida y señalada en la traza que tengo hecha de la ciudad, y la dicha ciudad mando que se intitule la Ciudad de la Trinidad y, porque conforme a derecho en las tales ciudades, allende de los gobernadores y justicias mayores, ha de haber alcaldes ordinarios para que hagan y administren justicia, y regidores para el gobierno y otros oficiales y en nueva población, a mí como justicia mayor me compete el derecho de elegirlos, de establecer y nombrar y señalar y dar principio de su año y señalar el remate y día en que han de vacar, por tanto, acatando las calidades y cristiandad de vos, Rodrigo Ortiz de Zárate, y don Gonzalo Martel de Guzmán, conquistadores y pobladores de esta ciudad y puerto y provincias, os señalo y nombro por tales alcaldes ordinarios, y asimismo a vos, Pedro de Quirós y Diego de Lavarrieta y Antonio Bermudes y Luis Gaytán y Rodrigo de Ibarrola y Alonso Descobar, por regidores de esta ciudad, a los cuales y a cada uno de ellos doy entero poder cumplido en lugar del dicho señor adelantado (...) y porque según costumbre en muchas ciudades se tiene por estilo vacar los dichos oficios el día de San Juan de junio del año próximo de 81, y por la mañana el tal día, antes de misas mayores, se junten a cabildo los dichos alcaldes y regidores (...) y voten y elijan nuevos alcaldes y regidores (...) ante todas cosas hagan aceptación de los dichos oficios y la solemnidad del juramento que en tal caso se requiere, en fe de lo cual hice y hago presente escritura de ciudad y señalamiento de justicia y regimiento ante el presente escribano y testigos, que fecho en el mismo día, mes y año susodicho; testigos Antonio Tomás, Antón Higueras y Pero Hernández y otras muchas personas y pobladores que estaban presentes, el cual dicho señalamiento digo que hago de ciudad y sitio en esta parte y lugar (...) el mejor que hasta ahora he halla-

do, y le hago con reservación que en mí hago y de los otros capitanes que sucedieron en esta ciudad, que si se hallare otro que mejor sea, así para el puerto como para la comunicación de los naturales para que sean comunicados con menos trabajo y más en servicio de S. M., le pueda y puedan remover y mandar esta dicha ciudad a tal sitio y lugar con acuerdo de los alcaldes y regidores que en aquella sazón hubiere en esta ciudad, y así lo digo y declaro y mando. Firman Juan de Garay y Pedro de Jerez, escribano público y del cabildo y gobernación.

El hecho de que en las provisiones de Garay se admita como cosa normal y prevista la posibilidad de cambiar por otro más conveniente, si lo hubiere, el emplazamiento de la ciudad, muestra en cierto modo lo precario de estas fundaciones, que sólo son importantes o no son nada según el desarrollo posterior, por lo que es un poco aventurado deshacerse en beatos elogios acerca de la *visión de futuro* y otros tópicos, perfectamente relativizados a tenor de otros azares, como ocurrió con Santa María del Buen Aire, Santa Cruz de la Sierra, Santa Fe, Santiago del Estero y otros muchos establecimientos de los que no quedó memoria, refundados, cambiados de sitio y desaparecidos.

Lo que sí resulta emocionante en el caso de Garay es que todos estos rituales coincidan de absoluto rigor con la formidable realidad de la actual cosmópolis porteña y que sea posible identificar un pedazo de terreno burdamente desbrozado sobre la barranca del estuario con la entrañabilidad familiar y poética de los patios de ladrillo rojo, el *conventillo* popular, las *veredas* que rayan en la pampa y el orgullo y altanería de grandes avenidas y rascacielos, como hizo Larreta en una trasposición de legítimo lirismo histórico o Borges con su claro *fervor de Buenos Aires.*

Plantada la cruz eclesial, nombrados y juramentados alcaldes y regidores, Juan de Garay requirió a *los dichos señores (...) que se junten con su merced y vayan a la plaza pública que está señalada en la traza de ella y allí le ayuden a enarbolar un palo o madero por Rollo público.*

Este monolito, probablemente labrado con la madera de un algarrobo, era el símbolo de la justicia popular para disuasión del delito y, en su caso, ejecución del delincuente entre las clases *plebeyas,* ya que —hasta aquí llegan las diferencias sociales— militares y nobles recibían otro tipo de castigo, fusilería o garrote vil. Alzaron el árbol de justicia *y mandó el dicho señor general que ninguna persona sea osada a quitarlo, batirlo ni mudarlo, so pena de muerte natural.*

Si erigir el rollo de justicia pública es el acto más trascendente, la toma de posesión, que se desarrolló por último en presencia del cabildo, estamento militar, pobladores e indígenas, reviste a cambio los caracteres más espectaculres *con su vetusto simbolismo teatral* (Groussac) o como reflejó plásticamente un célebre óleo del pintor malagueño José Moreno Carbonero, cuya equilibrada composición se atiene a los hechos y personajes históricos: *El general (...) en nombre de Su Majestad tomó posesión de la ciudad y de todas estas provincias, al Este, Oeste, Norte, Sur (...) y, en señal de posesión, echó mano a la espada y cortó hierbas y tiró cuchilladas y dijo que si había alguno que se lo contradiga, que parezca, presentes todas las dichas justicias y regidores y mucha gente, y no apareció nadie que contradijese y lo pidió por testimonio...*

Así brotó la Ciudad de Trinidad en el puerto de Santa María del Buen Aire o de los Buenos Aires, que en relación indirectamente porporciconal, a medida que crecía el perímetro urbano absorbiendo la lisa extensión por centenares de kilómetros a la redonda, fue contrayendo su denominación hasta quedarse en el somero y limpio nombre de Buenos Aires, ciudad abierta a la invasión de *todos los hombres del mundo,* puerta austral del Atlántico.

Traza y repartimiento de solares.– Una semana después de la ceremonia salió para España la carabela *San Cristóbal de Buena Ventura* llevando a bordo al franciscano Juan de Ribadeneira y a los capitanes Alonso de Vera y Juan de Salazar (éste hijo del fundador de lo que empezó como un fuerte, Asunción), los cuales llevaban noticias de la fundación de Buenos Aires y Santa Fe y algunos productos de las ciudades ya consolidadas.

Fray Juan de Ribadeneira remitió al Consejo de Indias una descripción del Río de la Plata y, entre otras cosas, se refirió al *puerto de Buenos Aires y ciudad de la Trinidad, donde dejamos al general Juan de Garay poblando y haciendo una generosa sementera para cuando llegase la armada de Castilla, y quedan allí los Alonso de Vera, sobrinos del adelantado, aunque el menor herido de un balazo (sic:* parece que quiere decir *bolazo) que le dieron en la guerra* (por tanto, para evitar confusiones, se ha hablado de tres sobrinos del adelantado, y el que va en la *Buena Ventura,* que volverá otra vez a América, es el llamado *Cara de perro*). *Y quedan todos* —añadió Ribadeneira, prueba de que la telaraña del mito no los abandona jamás— *limando sus armas para emprender aquella gran noticia y entrada que llaman de los Césares.*

Previstas las oportunas y elementales fortificaciones contra presumibles ataques querandíes, se fue accediendo con detalle a las tareas del trazado urbano, al reparto de solares para edificar y de terrenos para labranzas y pastos, según *la traza* —escribió Garay— *por mí hecha en un pergamino de cuero.*

Las Leyes de Indias, monumento jurídico que, dicho sea de paso, no siempre se podían llevar en sus contenidos a la práctica con todo rigor, pues una cosa son las covachuelas curiales y otra la complejidad azarosa de los hechos, ordenaban a estos efectos que *cuando hagan la planta del lugar, repártanlo por sus plazas, calles y solares a cordel y regla desde la plaza mayor, y sacando desde ellas las calles a las puertas y caminos principales, y dejando tanto compás abierto que, aunque la población vaya en gran crecimiento, se pueda siempre proseguir y dilatar en la misma forma.*

Dice Groussac que Garay y el cabildo tuvieron en muy poca cuenta las prescripciones *pedantescas* de este código de Indias. Antes que achacarlo a indicio de *resecamiento cerebral de Felipe II,* la inobservancia no estricta de la normativa es sólo de sentido común a la vista de las circunstancias, pero de aquí no se deduce la superfluidad de un cuerpo de leyes y ordenanzas para medio controlar o regular el fenómeno de un mundo que asciende de la nada o de las simples estructuras tribales y el puro descampado hambriento.

La traza original de la ciudad no ha sido hallada, mas por las diversas copias existentes, base de las publicaciones de una serie de tratadistas (Trelles, Madero, especialmmente el padre Larrouy), es posible reconstruirla. Desde una línea paralela a la playa o ribera fue subdividido el terreno de este a oeste en diez fajas de 140 varas de ancho y 11 más para calles (la vara de Castilla medía 835 milímetros y nueve décimas), cortadas perpendicularmente por 25 fajas idénticas y sucesivas de norte a sur, lo cual creó un rectángulo de 250 manzanas o cuadras. Tras deducir las áreas destinadas al fuerte, plaza mayor, tres conventos y un hospital, cuarenta de ellas se dedicaron a solares urbanos —las centrales y próximas al río—, reservándose el resto para huertas. *Dichas manzanas urbanas formaban una suerte de trapecio compuesto de cuatro fajas o hileras, contando 14 manzanas cada una, las dos del este o base mayor; 11 la tercera y siete la última. Este conjunto de 46 manzanas (...) constituyó para Garay y sus inmediatos sucesores el recinto de la ciudad.* El fundador llamó *cuadra* al solar doble o media manzana. Cada una de estas manzanas urbanas había de dividirse, en prinicipio, en cuatro solares, adjudicándose a la suerte uno de ellos *a cada soldado.* Los primeros pobladores también recibieron lotes para *chacras* o fincas rurales.

Sobre las características y consecuencias exactas de este auto de repartimiento, firmado por Juan de Garay el 24 de octubre de 1580, los estudiosos se han enzarzado en sutiles discusiones, mas para nuestro propósito creemos que basta la idea dada.

Como patrón de la ciudad, por sorteo, salió San Martín de Tours, y el cabildo acordó *que el regidor más antiguo de cada año lo saque* (alude al estandarte real conmemorativo) *y esta costumbre se guarde siempre.*

Juan de Garay señaló por armas y blasón de la ciudad de Trinidad, que *es en el puerto de Buenos Aires,* un águila negra *pintada al natural, con su corona en la cabeza, con cuatro hijos debajo demostrando que los cría, con una cruz sangrienta que salga de la mano derecha y suba más alta que la corona, que semeje la cruz a la de Calatrava y lo cual esté sobre campo blanco.*

La razón del emblema, que por cierto nunca se usó, era la de *haber venido a este puerto con el fin y el propósito firme de ensalzar la santa fe católica y servir a la corona real de Castilla y León y dar ser y aumentar los pueblos de esta gobernación que hace cuarenta años que están poblando y cerrados e iban en gran disminución.*

En los escudos de Juan Ortiz de Zárate y de Torres de Vera y Aragón había también un águila coronada. En la interpretación del emblema se ha dicho que los cuatro aguiluchos simbolizan los cuatro pueblos que en sus capitulaciones se comprometía a fundar Ortiz de Zárate y que efectivamente terminaron por ser fundados.

Sin perjuicio de que en la España ultramarina de los siglos XV y XVI la fe religiosa cristiana y católica se mantuviera con indiscutible honestidad por cada uno de sus abanderados, se ve claramente que era al mismo tiempo la carátula moral cohesiva que legitimaba otros fervores menos santificables, al final de los cuales se hallaba en toda su crudeza la simple y más pecaminosa —o que se rige por otras coordenadas— voluntad de poder, de conquista y de riqueza.

Los lotes para *chacras* y estancias ya citados, repartidos por las instrucciones de 24 de octubre del mismo año, sitos en un vago ejido de la ciudad, tenían por objeto prevenir *el riesgo que al presente hay de los naturales alterados, y para hacer sus labores más seguras y con menor riesgo de sus personas y sementeras,* así como para que *cada vecino y poblador tenga un pedazo de tierra que con facilidad pueda labrar y visitar cada día, les señaló los pedazos de tierra por la vera del gran Paraná arriba.* Tales lotes eran fajas de tierra de 300 a 400 varas de ancho, los de *chacras,* y de 3.000 varas de frente por 9.000 de ancho los de estancia. La verdadera propiedad de la tierra se adquiría a los cinco años de permanencia en la ciudad.

En la tarea más ingrata del repartimiento de indios para las encomiendas, Garay tuvo fama de hombre justo y clemente, pero la ayuda indígena india en los servicios domésticos y de labranza era imprescindible y se entendía en parte como *alguna recompensa de los muchos gastos y trabajos que han tenido en la dicha población* los colonos.

Sin perjuicio de ser en cierto modo acuciante e idea muy generalizada la necesidad de la fundación de un puerto y pueblo en aquella zona del Río de la Plata, la futura gran ciudad llevó en principio una vida precaria si no miserable, por razones similares a las que ya sufrió Santa Fe, o sea, la falta de salida de sus productos, si bien Buenos Aires contó de alguna manera con la presencia y el sostén de los otros habitáculos y no padeció al apocalipsis del hambre como la desdichada Santa María del Buen Aire, obra casi de náufragos en la vastedad y las aguas soledosas, mientras que lo de Juan de Garay responde evidentemente a otra fase mucho más sazonada de la penetración que, a un mayor avezamiento, inteligencia y preparación, debe añadírsele el hecho de proceder esta fuerza del noroeste, de focos irradiantes ya materializados, y no *directamente* de España y del océano Atlántico.

Juan de Garay, después de su larga experiencia bélica, exploratoria y, sobre todo, fundadora, a los cincuenta años de edad, empieza a adquirir un matiz patriarcalista en el que las funciones constructoras, administrativas y de gobierno tienen más importancia y son más cotidianas que las escaramuzas con los indios.

Delineadas las calles, hecha la siembra, en el trasiego vibrante de una ciudad en ciernes que acomete el alzado de sus primeros edificios sólidos para ir sustituyendo los improvisados rancheríos, Garay decidió en noviembre de 1580 volver a Santa Fe, provisionalmente, bien por necesidad de retorno al hogar, por haber tenido noticias del motín (ya sofocado) que allí se organizó o por las dos cosas a la vez, así como por las necesidades lógicas de su mandato.

MOTIN EN SANTA FE

Cuando llegó Juan de Garay a Santa Fe aún se prolongaba la efervescencia de la revuelta que, encabezada por los *mancebos de la tierra,* criollos y mestizos, hijos de españoles e hijos de españoles e indias, los más, había estallado el primero de junio, día del Corpus Christi, mientras estaba ausente en las preliminares de la fundación de Buenos Aires.

El *motín de Santa Fe* ha provocado la discusión historiográfica de si se trató de uno de los primeros tumultos revolucionarios del *criollismo independentista,* aunque la opinión general tiende a considerarlo como una simple asonada sin trascendencia ideológica ni mayor trasfondo político, salvo que la muy posible instigación del gobernador Gonzalo de Abreu, de Tucumán, rival persistente de Garay en la pretensión de extender su área de influencia a la cuenca del Río de la Plata e impugnador de la legitimidd de los títulos concecidos, lejanamente, por el adelantado Ortiz de Zárate, lo convierten también en una reviviscencia de la vieja disputa jurisdiccional tucumana y rioplatense, con el agregado del criollismo rebelde y tan trágicamente frustrado.

Ocurrió que, capitaneados por Lázaro de Benialbo, los díscolos y atolondrados mancebos depusieron a las autoridades gubernativas, encarcelándolas (teniente de gobernador Simón Jacques, alcalde Olivera, escribano Fernández Montiel y otros), y nombraron por gobernador a Cristóbal de Arévalo, hijo de un conquistador. Arévalo no consiguió entenderse con su propio compañero de revuelta, Benialbo, a quien incluso llegó a matar *con sus propias manos.* Los españoles pudieron evadirse y tomar nuevamente el mando de la situación. Entonces fueron matando uno a uno a los sublevados. *Dos que se escaparon a Santiago del Estero* —dice Paul Groussac con malvada ironía— *encontraron allí, en lugar de Abreu, a su flamante sucesor, Lerma, quien, recién instalado* (16 de junio), *se estrenó mandándolos a la horca.*

La llegada de Garay, contemporizador, influyó en el sobreseimiento de las causas pendientes. Calificó el suceso dramático, en carta al rey, de *desvergüenza y alteración,* más preocupado por la insidia de Abreu que por otras presuntas razones de amenaza contra el orden constituido o prematuro *nacionalismo* de los hijos de la tierra. Estos aún tenían por delante dos siglos de sometimiento colonial.

Acusándolo de haber ejercido un mandato violento, Hernando de Lerma también condenó a muerte a Gonzalo de Abreu.

Puesto que eran mayoría en Santa Fe, quizá la interpretación más correcta de los impulsos que movieron a los amotinados fue la de sentirse preteridos en las tareas de gobierno y en el desempeño de cargos preeminentes y de confianza. Redactaron un bando conminando a los españoles a abandonar Santa Fe por no haber intervenido en su conquista y colonización.

Juan de Garay regresó a Buenos Aires rondando el tiempo de la cuaresma de 1581. Pocos datos rellenan su estancia de dos o tres meses en Santa Fe, salvo los derivados, lógicamente, de la convivencia familiar, el arreglo de los asuntos de gobierno y una cierta inquietud por no haber podido ir a Asunción (de lo que se justificó en carta posterior al Consejo de Indias: *por andar ocupado en las cosas que han convenido a la sustentación de aquel pueblo nuevo,* Buenos Aires, naturalmente). Prosigue la búsqueda de colonos y útiles para el establecimiento del Plata, que es un hijo elefantiásico de Asunción y Santa Fe.

Cuando desciende otra vez el Paraná va en compañía de un sacerdote de Santa Fe, *que nos confesó y comulgó* (esto, consignado un año después, declara la importancia que por entonces tenía estar a bien con las potencias divinas).

Expedición al sur.– Siguió Juan de Garay atento a las necesidades de su fundación. La promesa de las yeguadas cimarronas no había dado aún el fruto apetecido, como escribió él mismo en 1582: ... *hasta ahora, por ser la tierra tan rasa y llana, no hemos podido tomar ninguno de los caballos ni hemos tenido posibilidad y espacio para hacer corrales (...) y hemos estado ocupados en edificios y labores y en correr la tierra, porque mientras no la corríamos, venían los naturales de noche a darnos asaltos.*

Las batidas periódicas y la sugestión del horizonte limpio en la tierra *tan rasa y llana* despiertan el antiguo espíritu aventurero y exploratorio. Con treinta hombres de a caballo y las acémilas necesarias para una travesía de dos meses, salió Juan de Garay ya avanzada la primavera (noviembre de 1581) rumbo al sur, por la pampa ilimitada, lentamente, *unas veces a la vista de la costa y otras metiéndome cinco o seis leguas la tierra adentro.* Llegó por esta costa fluvial hasta *la costa de la mar, más de setenta leguas del puerto de Buenos Aires, que si hubiera ido por mar entiendo que hubieran sido noventa leguas.*

Excepto la huella no demasiado habitual del indio nómada, son desérticas regiones no pisadas todavía por la bota del conquistador. Para una idea de la monotonía y grandeza de estos ámbitos, a fuer de otros problemas de incierto dominio a cuenta de las *malocas* —incursiones salvajes de los indios—, conviene saber que hasta finales del siglo XIX no pudieron los argentinos establecer los límites exactos de la provincia de Buenos Aires por el oeste y por el sur.

La tropa de Garay cruza la sabana manchada de verde, simetría plana que sólo interrumpe el índice melancólico de algún ombú solitario, silencio augusto cortado por el silbo del *tero-tero* (avefría o frailecillo). A veces atisban las ariscas manadas de yeguas mendocinas asilvestradas, o tropiezan de vez en cuando con alguna que otra *toldería* de indios muy pobres y aún confiados o sólo huidizos, indios que se abrigaban, según Garay, con pieles *de unos animales que hay como liebres y de gatos monteses. Para la recría de caballos y yeguas originada en el primer asentamiento de Mendoza, calculó que trotaban por la llanura unas ochenta y cien mil cabezas de las castas de Córdoba o Jerez de la Frontera.*

Garay, como vemos, describió espléndidamente este viaje en carta al soberano. Por los datos consignador y la característica de la costa hay acuerdo general de haber llegado hasta lo que actualmente es Mar del Plata, a la vista del Atlántico, el centro balneario más importante del país, a unos cuatrocientos kilómetros de Buenos Aires por la pampa verde. En su momento, Garay encontró gran cantidad de *lobos marinos* (focas). Dijo que los indígenas hacían sus tiendas de cueros de venado y *hallamos entre estos indios alguna ropa de lana muy buena, dicen que la traen de la cordillera de las espaldas de Chile, y que los indios que tienen aquella ropa traen unas planchas de metal amarillo en unas rodelas que traen cuando pelean y que el metal lo sacan de unos arroyos; dicen que por la costa hay poca gente y que en la tierra adentro hacia la cordillera hay mucha gente...*

Juan de Garay cejó en el empeño de continuar la batida pampeana *por no llevar más de treinta hombres y pocos caballos* y ordenó el regreso a Buenos Aires, pero la visión de las *planchas de metal amarillo* llevadas por los indios nómadas y la *mucha noticia* que tuvo de *tierra rica hacia las espaldas de Chile* le hicieron concebir el propósito de organizar otra expedición ya de gran porte a esas regiones, quizá con la intención puesta en la fabulosa ciudad de los Césares.

Nadie, ni siquiera Juan de Garay, con su recia personalidad fundadora, agrícola, ganadera, ecuánime, podía hacer oídos sordos a la seducción que provocaba el mito.

Licencia para matar.– Hay constancia de que en marzo de 1582 estaba Juan de Garay otra vez en Santa

Fe ocupado, con Pedro Fernández, escribano del cabildo, en el repartimiento de los indios *que había en la provincia de la Trinidad.*

Por el mismo tiempo recibió una real cédula de fecha 3 de junio de 1580, con bastante retraso como se ve, cerca de dos años, a fin de que *tuviera cuenta con un eclipse que pasó el año del 81, a 15 de julio, sábado en la noche* y pudiera así medirse la distancia que *hay de estos reinos a ésos,* una pretensión de carácter científico cuya imposibilidad, por el retraso y, como dijo Garay, por la *falta de pilotos,* no le quita valor anecdótico.

El 20 de abril de 1582, preparado para dejar Santa Fe, Garay escribió dos cartas, que se han venido citando fragmentariamente a lo largo de estas páginas, una dirigida a la *Sacra Católica Real Majestad* y otra a los *Muy poderesos señores del Consejo de Indias.* Lamentaba haber recibido con tanto retraso el pliego enviado por Su Majestad y no poder informar del eclipse de luna. Refirió sus problemas y trabajos y los sucesos ocurridos a la muerte del adelantado Ortiz de Zárate. Le preocupaba la falta de religiosos en estas provincias del Río de la Plata y por ello comunicó al rey que *hay aquí tres pueblos de cristianos sin ningún sacerdote, y los que hay en las otras ciudades son de más de setenta y ocho años,* por lo que suplicaba el envío de sacerdotes *por amor de Dios y de Vuestra Majestad y salvación de tantas ánimas como hay en esta tierra sin haber quien las alumbre y predique el santo Evangelio.*

Juan de Garay gastó su peculio y hacienda en las fundaciones de Santa Cruz de la Sierra, Santa Fe y Buenos Aires y ahora suplica *para ayudar a casar tres hijas que tengo, que a la persona o personas encomenderas que con ellas se casasen se les alargue una vida más su encomienda.*

El transporte de la correspondencia requería un proceso largo y lento. Soldados de a caballo llevaban las cartas al Alto Perú, donde la Audicencia de La Plata las hacía llegar al virrey, de aquí en el primer navío a Panamá, luego a Porbello en mula y, finalmente, a España, lo cual implicaba semanas, meses y hasta años, salvo el aprovechamiento de alguna nao más oportuna y directa.

Seguidamente, Garay subió a Asunción, ciudad ya *antigua* a la que, aun siendo la capital de aquellos reinos, tenía en cierto modo olvidada, y esto pudo enajenarle alguna suerte de simpatía entre sus celosos habitantes. En Asunción permanece más de cinco meses y dicta dos bandos, célebres, por cuanto se toman como cauce de aproximación a una parcela de su psicología e indican al mismo tiempo rasgos de la contextura moral de la época y del sitio, plenos de lances turbulentos y aquejados de problemas de residencia o necesitados, con lenguaje moderno, de una *redistribución poblacional.*

El contenido del primer bando era que *por cuanto en esta ciudad algunos mancebos hijos de la tierra, pospuesto el temor de Dios y de la justicia, andan de noche saltando paredes por los corrales y otros delitos desvergonzados (...) por el presente edicto doy licencia y facultad a todos los vecinos y moradores, estantes y habitantes en esta dicha ciudad, fueren casados o ya no lo sean, que tengan hijas en sus casas y heredades, que puedan matar y maten a cualquier (...) que tomaron en sus casas o en sus corrales (...) sin que por ello incurran en pena, porque de esta manera se atajará tanta desvergüenza.*

Parece evidente que las desvergüenzas de los mancebos hijos de la tierra, criollos y mestizos ya connotados en la especialidad de perturbar el orden establecido, se refieren tanto a delitos contra las *heredades* como contra la honra femenina.

El segundo decreto o requisitoria trataba de evitar de manera también tajante que los pobladores o residenciados en Santa Fe siguieran beneficiándose de la Asunción o de la doble residencia, y se les ordenaba volver inmediatamente a la primera población bajo penas graves en caso de desobediencia y plazos muy estrictos. Los pobladores de Santa Fe recibían tierras, encomiendas u otras mercedes y luego, en algunos casos, regresaban a las comodidades urbanas de la

Asunción. Es, como si dijéramos, un primer indicio en América de *absentismo terrateniente.*

Sin merma de su rectitud, por estas disposiciones, las ausencias prolongadas y los esfuerzos encaminados al saneamiento de otras poblaciones, Garay se creó una cierta hostilidad en el medio asunceño.

MUERTE DE GARAY

El conocimiento previo —no demasiado exacto ni tan extenso como fuera de desear— que tenemos de la próxima muerte violenta del conquistador induce a dotar sus últimas andanzas de un carácter más solemne y conmovido.

El destino va tramando una espesa red circunstancial que incluye entre sus muchos azares el de la muerte innocua, sorpresiva, tanto más lamentable cuanto que pudo ser evitada con una ligera precaución y, desde luego, una clase de muerte que no se corresponde con la grandeza del guerrero.

De regreso de Asunción, otra vez por el río abajo de su vida, Juan de Garay se quedó una larga temporada en Santa Fe, hasta fines de febrero de 1583, inmerso en los preparativos de su proyectada gran expedición a *las espaldas de Chile* o el sur patagónico y gustando el calor de la familia, a la que se dispone a dejar de ver por un tiempo difícil de calcular.

Camino de Asunción, urgido por plazos judiciales y trámites de probanzas, pasó por Santa Fe el sobrino del adelantado, el mismo Alonso de Vera que vimos partir hacia España con el fraile Ribadeneira en la carabela *San Critóbal de Buena Ventura,* ya de regreso de la metrópoli y portador de una carta para Garay del cerero mayor Juan Ortiz de Zárate, padre de Rodrigo (este Rodrigo de Zárate abriría el camino de Buenos Aires a Córdoba y fortificaría Buenos Aires de cara a la amenaza de los corsarios ingleses, que ya atentan contras las posesiones españolas).

Alonso de Vera, fray Juan de Ribadeneira y dieciocho franciscanos más habían salido de España (Sanlúcar de Barrameda, boca atlantista de Sevilla) con navío de cuenta propia, en vez de venir formando parte, como estaba previsto, de la armada de Diego de Flores Valdés, que debía conducir por el estrecho de Magallanes al nuevo gobernador de Chile, don Alonso de Sotomayor (personaje que influiría decisivamente en el destino de Garay).

Pero en la segunda quincena de febrero —y los acontecimientos empiezan a precipitarse— arribó a Santa Fe inesperadamente el propio Alonso de Sotomayor, en demanda de ayuda para pasar a Chile por tierra.

Había ocurrido que Sotomayor, con tres navíos y unos quinientos hombres, a la altura del Río de la Plata, decidió segregarse de la flota de Flores Valdés con la que iba navegando, a consecuencia de un fuerte temporal que dejó los barcos maltrechos y con escasas posibilidades de maniobrabilidad. Alonso de Sotomayor optó por refugiarse en el puerto de Buenos Aires, solicitar el auxilio de Garay y proseguir el viaje a Chile esforzadamente por tierra, mientras Flores Valdés continuaba lentamente su rumbo al sur atlántico. En consecuencia, Sotomayor embocó el Río de la Plata y lo hizo con mala suerte. Ya dentro del estuario, una nave encalló y otra, la *Corza*, se rajó bajo sus pies, con sensibles pérdidas en piezas de artillería, ropa y vituallas.

En Buenos Aires, Sotomayor dispuso tras los oportunos asesoramientos que la tropa, al mando de su hermano, don Luis, alcanzaría por tierra el río Carcarañá, adonde debería seguirle *conduciendo las municiones, artillería y arcabuces que han quedado y ropa de soldados* el capitán Francisco Cuevas. En vista de la ausencia de Garay, Sotomayor subió anticipadamente en un bergantín a Santa Fe para entrevistarse con el fundador, a quien relató los pormenos de su accidentada navegación y el concertado encuentro de los grupos en un punto situado como a veinticinco leguas de Santa Fe, en el paso del río Carcarañá, al sur del fuerte de Caboto. Allí se establecería el campamento.

Garay, bien dispuesto, con entera y habitual eficacia, distrajo materiales y medios propios de sus preparativos expedicionarios para satisfacer las peticiones de Sotomayor y le cedió —mediante no se sabe qué estipendio o compromiso— trescientos caballos (de los mil que había reunido) y toda la ayuda necesaria para la organización acelerada de una caravana capaz de atravesar los desiertos y cordilleras con garantías de supervivencia. El gobernador de Chile, resuelto el problema de la compra de animales y víveres, con las carretas en vías de construcción, pudo ya pensar en cumplir la idea de adelantarse al grueso de la gente y marchar a las provincias de su demarcación, enviando por delante un mensajero que anunciara su llegada. En efecto, así lo haría: marchó con ocho hombres hacia Cuyo y la esperanza de no encontrar cerrada la cordillera con las primeras nieves.

Las mismas dudas y conjeturas referidas al lugar y fecha de nacimiento de Garay existen a la hora de su muerte, alfa y omega, de la que también se ignoran lugar, día y perpetrador o perpetradores exactos, aunque arduas prospecciones documentales han conseguido restringir al mínimo las lagunas de conocimiento y hoy se cuenta con una versión bastante plausible del hecho trágico.

Es importante la última carta, al menos la última conocida, que Juan de Garay redacta en Buenos Aires para su rey el día 9 de marzo de 1583, es decir, a once o trece días de su desaparición, carta que la mala fortuna le ha otorgado carácter testamentario, donde en un estilo más espontáneo, y desordenado que otras veces dentro del indeclinable repeto, expone reiteradamente sus cuarenta años de sacrificados servicios en las Indias y muestra la ingratitud con que los del Consejo de Indias, mediante un seco *no ha lugar,* han rechazado una modesta súplica para merced de sus hijas casaderas (tuvo tres hijas legítimas, Jerónima, Ana, María y un hijo natural, Juan de Garay el *Mozo,* probablemente legitimado), y el rechazo lo asocia Garay a que por lo visto *no son dignos de merecimiento los trabajos y los servicios cuando hechos en* tierra de pobres (subrayado nuestro) y aspira al remedio que ha de poner la *cristianidad* real.

La signifiación profunda de estas postreras palabras escritas por el conquistador y fundador radican en la confianza de *lo que serían, mediante la voluntad de Dios, estas tierras remotas y cerradas al trato del mundo.* Garay ronda la estereotipada visión de futuro. El resultado está a la vista. Hoy las tierras remotas y cerradas al mundo albergan con la voluntad de Dios y de los hombres la mayor población de habla española y las frágiles instalaciones del Riachuelo de los Navíos, en el Río de la Plata, se han expansionado hasta convertirse en el puerto de Sudamérica más importante, aquella eclosión del espíritu conquistador y el criollismo asunceño, verdadera cuna de la argentinidad. Sin embargo, lo extraordinario de la anticipación de Garay se pone aún más de manifiesto cuando oímos decir en el siglo XVIII por boca del virrey Gabriel de Avilés que el Río de la Plata es *el río de las congojas y desabrimientos.*

Pero el tema oficialmente principal de tan significativa epístola entre amarga, irónica y profética, escrita en *tierra de pobres,* era dar cuenta de la llegada de Alonso de Sotomayor y comunicar que le dio *todo el aviamiento posible.*

Salido Juan de Garay al mando de una treintena de soldados, entre ellos alguna de la gente que iba a Chile, por los brazos del Paraná desde Buenos Aires con destino al campamento de Alonso de Sotomayor, situado como dijimos en el paso del río Carcarañá —travesía que necesitaba por lo menos quince jornadas—, mientras el grueso de la expedición con las carretas, las vituallas y los equipajes partía por tierra dirigida por Luis de Sotomayor y Francisco Cuevas, obviando nosotro la polémica inconclusa sobre los detalles absoluta mente precisos, aquejados generalmente de laconismo y diferencias en la localización geográfica exacta, podemos entender que Juan de Garay fue muerto —asesinado— por los indios isleños guaraníes entre los días 20 y 22 de marzo de 1583, mientras descansaba por la noche en tierra, a la entrada del río Baradero *(sic),* frente a la isla Dos de Oro, habiendo venido por el río de las Palmas en el delta del Paraná.

Las circunstancias de la muerte se desprenden de dos de los documentos más verosímies que se manejan: uno es la carta de Rodrigo Ortiz de Zárate, sobrino del adelantado y uno de los primeros alcaldes ordinarios de Buenos Aires, y otro la descripción también por carta del tesorero Hernando de Montalvo, hecha unos años después.

Rodrigo de Zárate, muy suciento, declara que *sucedió su muerte tan desgraciada matándole unos indios querandíes de este río, yendo de esta ciudad a la de Santa Fe, de noche, por cierto descuido y confianza.*

Hernando de Montalvo, más explícito e imprescindible para toda clase de sondeos y puntualizaciones, consignaba que *cuando aportó aquí la armada de don Alonso de Sotomayor, gobernador proveído por Vuestra Majestad para Chile, y así como se fueron, el general Juan de Garay en un bergantín se subía a la ciudad de Santa Fe, y cuarenta leguas de aquí quiso entrar con el navío por una laguna, pareciéndole que atajaba camino, y bajando toda la laguna alrededor, no halló salida; acordó ranchear a la boca, donde los estaban mirando como hasta cuarenta indios que habitaban por allí y, como los vieron entrar por aquella laguna, entendieron ser chapetones* (recién) *venidos de España, y como los vieron pasar allí y todos en tierra durmiendo y muy descuidados y desnudos* (de armas, se entiende, pero también se podría entender desnudos de armas y ligeros de ropa, pues la acción ocurre en el calor húmedo de finales del verano), *porque le habían dicho al general soldados que iban allí de los de Chile que hiciesen centinela, respondió:* estos indios téngolos yo muy sujetos y me temen: pueden estar tan seguros aquí como en Madrid, *a donde el primer sueño dan en ellos y matan al primero al general, sin poder decir ¡Dios válgame!, con una macana, de que murieron allí cuarenta personas y un fraile franciscano, y les tuvieron ganado el bergantín. Sonóse luego la muerte del general Juan de Garay.*

Martín del Barco Centenera dice que murió a manos de los indios minuanes y que *Garay fue de prudencia siempre falto.* Como se ve, Centenera coincide o está influido por la antigua apreciación de Gonzalo de Abreu, y está claro que no se trata de falta de prudencia, sino de exceso de confianza, la misma peligrosa seguridad en sí mismo que provocó la muerte del también antiguo Nufrio de Chaves.

Hay otras muchas opiniones que sólo tienden a enredar la madeja. Aun basándose todos los historiadores en los mismos pocos documentos existentes, las interpretaciones y matices ofrecen amplia gama, aunque en lo esencial no tienen por menos de estar de acuerdo, y de la Audiencia de Charcas nos llega otra corrobaración: *Por la vía de Tucumán y de alguna gente que de aquella tierra salió hemos sabido que entre Buenos Aires y la ciudad de Santa Fe vinieron navegando con un bergantín y cierto número de gentes el general Juan de Garay, a cuyo cargo estaba la gobernación del Río de la Plata por el licenciado Torres de Vera; saltó en tierra a dormir una noche, como cuatro leguas de la fortaleza de Caboto y, de muy confiado, no puso vela ni centinela ni cuerpo de guardia y los indios dieron con él y su gente, le mataron, y a otros doce hombres, y prendieron a diez y a un fraile franciscano y a una mujer e hirieron a otros treinta, y estos heridos se tornaron a embarcar como mejor pudieron en el bergantín y vinieron a la ciudad de Santa Fe con esta nueva...*

Que Garay —dentro de las lucubraciones habituales del suceso dramático— pusiera centinela o no, ayuda poco a la irreversibilidad de las circunstancias fatales y cabe pensar que incluso con guardias, entre el cansancio, el calor, el duermevela y también cualquier falta de responsabildiad individual, no tiene mucho de extraño que una partida de indios sigilosos, hábiles, expertos de las riberas y cargados de odio por los invasores sorprendiera el improvisado campamento y, a bulto, con las macanas o porras volteadas sin piedad en lo negro de la noche, ahora que no tenían que contrarrestar el acero de las espadas ni el fuego de los arcabuces, matara fulminantemente a una mayoría de los dormidos, entre ellos al general Juan de Garay, que pasó del sueño a la muerte y no pudo ni encomendarse a Dios.

La escena es fácil de imaginar en su definitiva sencillez dramática (no en balde poseemos una agobiante educación bélico-cinematográfica): canoas que se deslizan silenciosamente junto a las frondas oscuras, restos del fuego que ha servido para la última colación, los cuerpos exhaustos y arrebujados escudándose de los mosquitos, el rumor insomne de la maleza, el chascar blando del agua entre las raíces lujuriosas que se pudren a fuerza de fecundidad, la silueta del bergantín, el olor a sudor y a leña quemada, el croar de un sapo y, de súbito, una señal, un alarido, y la hecatombe, golpes, gemidos, confusión, la sangre que esta vez sí llega al río, el mismo río mayestático e impresionante que los españoles habían conseguido convertir en un corredor cotidiano de hazañas y fundaciones, la arteria continental en la que Juan de Garay abrió puertas para entrar y salir de la tierra, el río de las transculturaciones étnicas y civilizatorias, una tumba en verdad absolutamente digna y debida por la que el cuerpo de Garay navegó otra vez sin vida o con la vida misteriosa que comunica la descomposición, ya no sólo pasto de caníbales y peces, sino materia orgánica universal penetrada por las aguas genesíacas.

Los sobrevivientes pudieron huir, rehacerse con el bergantín —que para los indios equivaldría a un artefacto inútil— y llegar hasta Santa Fe o hasta la caravana que marchaba por la ribera y comunicar de esta forma a las tropas de Luis de Sotomayor el desastre que, en cuanto se supo, provocó numerosos actos de represalia por parte de los capitanes españoles, incursiones de castigo y muertes de caciques y otros indios prácticamente elegidos al azar.

Luego, la noticia de la muerte alevosa de Juan de Garay se difundió lentamente, de acuerdo a las enormes distancias y los pobres medios de comunicación, de manera que a Chuquisaca, por ejemplo, donde residía el ascendiente de Garay que le proveyó en comisión de sus cargos, Torres de Vera y Aragón, no llegó antes de tres meses, y esto se deduce por la fecha del nombramiento del sucesor de Garay en la gobernación del Río de la Plata, Juan de Torres Navarrete, sobrino del adelantado. En cuanto al gobernador de Chile, Luis de Sotomayor, causante indirecto, a la fecha de la muerte ya estaría galopando hacia la región de Cuyo, por lo que debió de irse sin conocer tan siquiera y de inmediato el mal fin de su protector.

Aunque a estos efectos y en términos generales, la mayor o menor receptividad sensible ante el hecho de la muerte ajena no puede juzgarse según los cánones habituales y es preciso tener en cuenta la fragilidad de la vida humana en épocas tumultuosas de conquista y depredación, cuando de hecho existe un estado de guerra abierta o latente entre dos colectividades, la del indio expoliado y la del cristiano portador de otros valores o, cuando menos, de otros signos de organización social más evolucionados. Para Paul Grussac, el único entre los grandes admiradores de Garay que analiza estas cuestiones sin hipocresía y repara en la *sorda hostilidad de los egoísmos* mezclada a la *inercia del ambiente,* el anuncio de la muerte súbita de Garay no parece se recibiera, *aun en las mismas poblaciones por él fundadas, como una desgracia pública.* El alma demasiado curtida de los pobladores, los celos de Asunción respecto a sus *hijuelas* Santa Fe y Buenos Aires, las distancias, el tiempo y la cotidianidad de la violencia son razones que abonan estas ideas.

El sino de los consquistadores españoles en América, que es el de no resarcirse jamás de sus victorias, porque siempre pagan con el descontento, la ingratitud de la corte y la muerte airada, se encarna una vez más en Juan de Garay, quien, no obstante y para la expectativa de vida de la época y el medio, muere en plena madurez a los cincuenta y cuatro años, pero con las máximas posibilidades de su recto y enérgico impulso realizadas. Con su autoridad legítima de adelantado por delegación, padre de familia, batallado desde la niñez y con dos fundaciones ya consolidadas y en marcha, a Juan de Garay no le quedaba por delante más que gastar el resto de su vida en la insensata búsqueda de la riqueza matalífera, la única que por lo visto y de verdad conmovía los resortes del monarca y de los consejeros de Indias. Los querandíes del Paraná le ahorraron a Juan de Garay esa última frustración.

Garay fue el campeador de una *tierra de pobres* y el epígono de una larga serie de hombres aguerridos y valientes, fascinados por la aventura legendaria, desde Juan Díaz de Solís a Pedro de Mendoza, desde Juan de Salazar y Ayolas a Martínez de Irala, desde Caboto a Cabeza de Vaca, que esparcieron lo que podemos entender por *cultura occidental* (lengua, costumbres, técnicas) a lo largo de los caudalosos ríos Uruguay, Paraguay y Paraná e hicieron posible que Juan de Garay, como otro gran estuario colector de hambres y batidas, hiciera oscilar con sus fundaciones el centro hegemónico de América del Sur y provocar la creación por la corona de un nuevo virreinato para el Río de la Plata, así como una fuente de riqueza de yeguas y vacas y surcos gredosos más firme y perdurable que el brillo cegador y engañoso de las piedras preciosas, si bien fue necesario esperar para ello por lo menos dos siglos y sostener una dura batalla —otra entre las muchas— contra los privilegios de Lima, mientras que la fuerza de expansión natural rioplatense encontraba cauce en el contrabando.

Buenos Aires, la *Reina del Plata* —y aludimos a un estereotipo del folklore urbano—, era todavía en el siglo XVII una aldea de aspecto desolador, con casas de barro y paja y puertas y ventanas de cuero, abriéndose penosamente al comercio con Brasil y Perú y enturbiada por el contrabando de esclavos negros, aunque no debe olvidarse que el primer adelantado del Río de la Plata, don Pedro de Mendoza, ya incluía en sus capitulaciones el derecho de importar doscientos esclavos negros. Mendoza dejó la inspiración para el contrabando de esclavos y la base de las yeguadas pampeanes, vaya una cosa por la otra.

A estos parajes le dio nombre y vida la ambición de

mítica plata. Hoy en la Argentina de la calle *plata* es sinónimo de dinero, tan arraigada quedó la leyenda. Pero la colonización del Río de la Plata fue ganadera y agrícola, pertenece a la última fase de la conquista de América y la muerte de Juan de Garay está al final de la culminación del increíble imperio de Felipe II, cuyo principio de disgregación, con el ascenso talasocrático anglosajón, ya no está lejos.

La ciudad de Garay.– Por su temperamento y sus obras, Garay queda en la historia como un gran hombre representativo de las virtudes que la tradición idealista ha querido ver en la castellanía: austeridad, fuerza, valor, sentido del honor, espíritu religioso.

Personaje de acción y constructor de mundos, es el verdadero patrono de esa metrópoli austral en la que España, sin falso paternalismo, que es una especie gastada, puede contemplar las peculiaridades genéticas según el paso del tiempo y la absorción de diversas influencias, así como la mecánica de desarrollo en la transmisión de determinadas células culturales, etnográficas y políticas. Como dijo Anzoátegui: *De las ruinas de la primera fundación debía seguir la ciudad definitiva, porque en sus tierras había sido depositada la semilla de la ciudad: la semilla de la ciudad antigua y de la ciudad moderna, la semilla de la aldea y de la metrópoli. Bajo la mata de pasto forcejeaba la altura del momento y la vieja casona soñaba desde el patio con la altura del cielo.* Garay está al principio de estos fenómenos y, si hemos de creer en las convenciones de la raza, Garay es un grande de la raza.

El viajero absorto que hoy recorra en un rápido tren de fabricación japonesa la pampa verde hasta el emporio atlántico vacacional de Mar del Plata, navegue en una motora del servicio público por la grandeza fascinante del delta del Paraná o divague en el extenso damero urbano de Buenos Aires, cuando a las dos de la tarde, como una fabulosa reminiscencia campamental y estanciera, el bello tufo de la carne chisporroteando sobre las inconmesurables parrillas invade la pituitaria de millones y millones de individuos que hablan una misma lengua cuya segunda raza —la primera es la latinidad pura— está a diez mil kilómetros de distancia yendo en línea recta, no tendrá más remedio que pensar, adentrándose en el tiempo y en los sucesivos Buenos Aires —el Buenos Aires oneroso de la dictadura militar de 1976, el de las riadas inmigratorias de 1880, el de la Independencia de 1810, el Buenos Aires del tango pesimista y nostálgico, del mate, del cuero, de los otros coloniajes económicos, del mercantilismo desaforado, de la centralización yugulante, del lunfardo, del arrabal mitificado, de la *pizza,* de la *avenida más ancha del mundo,* del Boca Juniors, de los achaparrados *colectivos* veloces, de los puentes de hierro sobre el Riachuelo, del vocinglero Luna Park, de las melancolías extrarradiales, de los *tanos,* de los *gallegos,* del complejo de superioridad—, no tendrá más remedio que pensar, repito, en Juan de Garay segando la hierba de la pampa con la espada y preguntando si algo o alguien contradice la real gana de crear allí mismo la ciudad de la Trinidad y el puerto de Santa María del Buen Aire hace poco más de cuatrocientos años.

Falta que la *cabeza de Goliat* cicatrice las cruentas heridas de la última represión contra la rebelión política —el terror blanco— y manifieste en paz y algo de democracia toda la potencia que encierran sus llanos y montañas y ríos y sus gentes para *ese gran porvenir* —con palabras de Ezequiel Martínez Estrada— *que se le quiere pignorar.*

El principio de todo a lo que se le puede rendir un moderado culto es la pampa, el estuario, el mestizaje, las yeguadas, el idioma, Juan de Garay y la libertad.

Dijo también Martínez Estrada que la *ciudad de Garay* sobrevive en lo valiente, progresivo, tenaz. *De todas las ciudades de Buenos Aires* —agregó el escritor santafacino— *es la más sólida, porque es aquella de la aventura, de la conquista por la raza.*

Dejemos las puertas abiertas a la tierra. Hay que pensar que la profecía contenida en la última carta conocida de Garay al monarca sigue también y todavía abierta.

La conquista de América por los españoles pudo ser para Martínez Estrada (que se cuenta entre los grandes analíticos nada complacientes del complejo ser nacional argentino), en efecto, poco más que una mera operación de saqueo, pero la formidable entidad de América sorbió también a España y de tal manera que casi la margina de Europa y la deja exhausta con el tuétano seco. España, poseedora, no siempre salió beneficiada de la prueba. Recibió oro, plata y perlas y a cambio derrochó sangre, leyes, técnicas, ingentes cantidades de material y la arcana esencia de un pasado totalizador que incluía los extraordinarios conceptos de la romanidad y la cristiandad. *Ha puesto tanto los ojos nuestra España* —decía González de Cellorigo— *en la contratación de las Indias, donde les viene el oro y la plata, que ha dejado la comunicación de los reinos de sus vecinos, y si todo el oro y plata que sus naturales en el Nuevo Mundo han hallado y van descubriendo le entrase no la haría tan rica, tan poderosa, como sin ello ella sería.* Rubén Darío, por ejemplo, halló una fórmula mágica de identificación honda y respetuosa: él se sentía americano en España y español en América.

A juicio de Paul Groussac, indudablemente el biógrafo que sin ninguna clase de afectación patriotera más se ha preocupado por cubrir los intersticios vitales de Garay, las dotes de perspicacia y habilidad de éste, unidas a la valentía corriente y *profesional* que demostró en sus empresas y negociaciones, poco le habría levantado sobre el mediano nivel de los capitanes y gobernadores, pero la función de dos núcleos urbanos llamados a subsistir y a prosperar comportó *grabar su nombre en la piedra angular de la historia rioplantense con caracteres imborrables.*

No se trata ya de biografismos ni de lápidas conmemorativas ni estatuas de bronce, como la que se yergue en la plaza Once de Junio de 1580, en Buenos Aires, sino de implicar a Juan de Garay a efectos de su perdurabilidad en la propia estructura social y costumbrista de su obra evolucionada, en el repertorio sentimental de Buenos Aires generado por la sucesividad del tiempo que las cortas y densas centurias han ido depositando en sus calles hasta configurar un mundo único e intransferible, desde su literatura a su folklore y al sentimiento de los que se van, evocan o vuelven, un tango de Gardel, una empanada criolla o Julio Cortázar en París poniéndole textos a un libro de fotografías que exaltan la cotidianidad del *subte* o a los pescadores de pejerry en la Costanera: *...miro ahora mi ciudad con la mirada del que viaja en la plataforma de un tranvía, retrocediendo mientras avanza, y de tanto perfume nocturno, de incontables encuentros con gatos y bibliotecas y Cinzano y* Razón Sexta *y cine continuado, me vuelven, sobre todo, los tiempos de estudiante, los bares automáticos de Constitución, la calle Corrientes de las primeras escapadas temerosas en los años treinta.*

Cortázar, inmerso en la gran poemática urbana porteña, cuyas raíces remotas (y tan próximas) hay que buscar en la gesta de Garay, recuerda las rabonas en Plaza Italia *con un sol caliente de libertad y pocas monedas, la penumbra alucinatoria del Pasaje Güemes, el aprendizaje del billar y la hombría en los cafés del Once,* ese 11 de junio en que la brisa invernal del río y los terrenos del surco asistieron al nacimiento del escenario, primero campamental, de ranchería y barro, factoría, matadero, saladero, luego gran aldea y, por fin, la metrópoli que hoy excita sociológicamente el interés de los estudiosos. Sigue siendo la ciudad de Garay, con cinco estaciones terminales de trenes y ciento veinticinco mil espectadores rugiendo en la *cancha* del River Plate.

Borges, en el *Elogio de la sombra,* se preguntaba qué será Buenos Aires. La respuesta, invocativa del eco de Whitman, se teñía de historia personal y colectiva. Buenos Aires *es la plaza de Mayo a la que volvieron, después de haber guerreado en el continente, hombres cansados y felices.* Buenos Aires *es el creciente laberinto de luces que divisamos desde el avión y bajo el cual están la azotea, la vereda, el último pa-*

tio, las casas quietas, o Lugones emprendiendo en tren su último viaje, porque va a cumplir en el delta del Paraná con whisky y cianuro un destino cruel, o *es, en la deshabitada noche, cierta esquina del Once en la que Macedonio Fernández, que ha muerto, sigue explicándose que la muerte es una falacia.* Finalmente, la ciudad de Garay es todo el misterio de la existencia humana, *la otra calle, la que no pisé nunca.* Buenos Aires *es el centro secreto de las manzanas (...), es esa racha de milonga silbada que no reconocemos y que nos toca, es lo que se ha perdido y lo que será, es lo ulterior, lo ajeno, lo lateral, el barrio que no es tuyo ni mío, lo que ignoramos y queremos.*

Esta es la sutil y complicada permanencia de Juan de Garay tirándole estocadas a las gramíneas de la plaza de Mayo, junto al Rollo de la justicia pública, tan vilipendiada y glorificada desde entonces. Y las puertas a la tierra quedaron abiertas.

BIBLIOGRAFIA

Barco Centenera, Martín del, *Argentina y conquista del Río de la Plata* (impreso y editado por José Porrúa, S.A.), Cáceres, 1982.

Busaniche, Jose Luis, *Historia argentina,* Buenos Aires, 1965.

Cruz, Josefina, *El conquistador conquistado* (biografía novelada de Juan de Garay), Buenos Aires, 1975.

Díaz de Guzmán, Ruy, *La Argentina* (pról. y notas, E. de Gandía), Madrid, 1986.

Gandía, Enrique de, *Dónde nació el fudador de Buenos Aires,* Buenos Aires, 1927. *Nuevos datos para la biografía de Juan de Garay,* Buenos Aires, 1927.

Groussac, Paul, *Mendoza y Garay,* dos vols., vol. II, *Juan de Garay.* Buenos Aires, 1950.

Lafuente Machain, R. de, *Conquistadores del Río de la Plata,* Buenos Aires, 1937.

Larreta, Enrique, *Las dos fundaciones de Buenos Aires,* Buenos Aires, 1943.

López de Gómara, Francisco, *Historia general de las Indias,* dos vols., Barcelona, 1965.

Morales Padrón, Francisco, *Historia del descubrimiento y conquista de América,* Madrid, 1981.

Olalla Mazón, Ricardo, *El burgalés Juan de Garay, fundador de Buenos Aires,* Burgos, 1982.

Schmidel, Ulrico, *Alemanes en América,* colección «Crónicas de América», *Historia 16,* Madrid, 1985.

Cieza de León, Pedro de, *La crónica del Perú,* colección «Crónicas de América», *Historia 16,* Madrid, 1984.

CRONOLOGIA

	GARAY	AMERICA
1529	(1530?) Nace Juan de Garay.	Expedición de Francisco César (origina el mito de la Ciudad de los Césares). Destrucción por los indios del fuerte de Caboto (Sancti Spiritus).
1530		Misiones de Vasco de Quiroga en Michoacán (México).
1531		El portugués Lope de Sousa explora el Río de la Plata y el Paraná, descubierto aquel por Solís en 1512. Institución de las corregidurías.
1532		Descubrimiento de la costa de California.
1533		Muerte de Atáhualpa.
1534		Fundación española del Cuzco. Constituido el virreinato de Nueva España (México).
1535		Francisco Pizarro funda la Ciudad de los Reyes (Lima). Introducción de la imprenta en América (México). Casa de la Moneda. Antonio de Mendoza, primer virrey de Nueva España.
1536		Primera fundación de Buenos Aires por Pedro de Mendoza. Ayolas: asiento en Corpus Christi.

CRONOLÓGIA

ESPAÑA	EUROPA
Francisco Pizarro capitula la conquista del Perú. Se inicia el Canal Imperial de Aragón. Muere Juan del Encina. Tratado de Barcelona.	Paz de Cambray.
Ataques de Barbarroja. Polémica Las Casas-Sepúlveda. Nace Juan de Herrera.	Carlos I, coronado en Bolonica. *Confesión de Augsburgo.* Invención del torno de hilar con pedal.
Carlos I reorganiza sus Estados en los Países Bajos. Juan Luis Vives escribe en una dedicatoria: *Verdaderamente, el mundo ha sido abierto a la especie humana.* Miguel Servet, *De trinitatibus erroribus.*	Liga protestante de Esmalcalda. Colegio de Francia. Amberes, centro financiero.
Nueva amenaza barberisca. Afluye el oro americano. Muere Alfonso de Valdés.	Paz de Nuremberg.
	Excomunión de Enrique VIII de Inglaterra. Nace Montaigne.
En Toledo Carlos I capitula con Mendoza la conquista del Río de la Plata. Se constituye la Compañía de Jesús. Nace Fernando de Herrera. Barco de ruedas de paletas (Blasco de Garay).	Publicación de la Biblia Alemana (Lutero).
Sale de Sanlúcar la flota de Mendoza. Expedición a Argel y Túnez.	Ejecución de Tomás Moro (Inglaterra).
Nueva guerra Carlos I-Francisco I, que se alía con Solimán.	Calvino, *Institutio Christianae Religionis.* Mueren Erasmo de Rotterdam y Gil Vicente.

CRONOLOGIA

GARAY		AMERICA
1537		Muere Pedro de Mendoza en alta mar. Juan de Salazar funda Asunción. Se inician las guerras civiles en Perú.
1538		Muere Juan de Ayolas. Jiménez de Quesada funda Bogotá. Fundación de la primera Universidad (Santo Domingo).
1539		Irala, gobernador del Río de la Plata. Hernando de Soto descubre el Mississippi. Se imprime el primer libro (México).
1540		García López de Cárdenas (enviado por Vázquez de Coronado) descubre el Gran Cañón del Colorado.
1541		Valdivia funda Santiago de Chile. Orellana descubre el Amazonas. Asesinato de Francisco Pizarro. Muere Pedro de Alvarado. Irala despuebla el primer Buenos Aires.
1542		Llega a Asunción el nuevo adelantado Cabeza de Vaca. Ruy López de Villalobos descubre el archipiélago de las Marshall.
1543	Parte a América (Perú) en la flota del virrey Blasco Núñez de Vela, con su tío el oidor Zárate.	Se crea el virreinato del Perú. Sublevación de los indios araucanos.
1544		Depuesto y aprisionado Cabeza de Vaca. Empieza la guerra de Quito.

CRONOLOGIA

ESPAÑA	EUROPA
	Paulo III condena la esclavitud de los indios.
Tregua de Niza. Alianza contra los turcos. Liga de Nuremberg. Cortes de Toledo.	Combate de Prevesa.
Bernardino de Sahagún, *Historia general de las cosas de Nueva España.* Francisco de Vitoria, *De Indis y De iure belli.*	Atribuida en Francia la policía del reino a la corona.
Sublevación de Gante. Carlos I cede a su hijo Felipe el ducado de Milán. Sale de Cádiz la armada de Cabeza de Vaca. Paulo III reconoce la Compañía de Jesús. Nacen Tomás Luis de Vitoria y José de Acosta.	Cromwell, decapitado
Motolinia, *Historia de los indios de la Nueva España.*	Muere Paracelso. Nace el Greco. Calvino introduce la Reforma en Ginebra.
Nace San Juan de la Cruz. Promulgación de las nuevas Leyes de Indias. Cabeza de Vaca, *Naufragios.*	López de Villalobos descubre las Filipinas.
Felipe II casa con María de Portugal.	Mueren Copérnico y Holvein.
	Paz de Crespy.

CRONOLOGIA

GARAY		AMERICA
1545		Descubrimiento de las minas de plata de Potosí.
1546		
1547	Muere su tío el oidor Zárate. Sigue la carrera de las armas y sirve en la compañía de Martín de Robles.	Nufrio de Chaves explora el río Pilcomayo. Juan de Sanabria, nuevo adelantado en el Río de la Plata, muere antes de iniciar el viaje.
1548	Participa en la batalla de Jaquijaguana, donde es vendido Gonzalo de Pizarro.	Alonso de Mendoza funda La Paz. Fundación de Bahía, primera capital de Brasil.
1549		Destrucción de la ciudad de Serena, refundada por Francisco de Aguirre.
1550		Núñez de Prado funda la primera ciudad del Barco (luego Santiago del Estero).
1551		Fundación de la Universidad de San Marcos (Lima). Muere Antonio de Mendoza. Aguirre, gobernador de las ciudades de Serena y el Barco.
1552		
1553		Fundación de la Universidad de México. Muere Valdivia por los araucanos, tras recibir tormento. Aguirre aprisiona a Núñez de Prado y funda Santiago del Estero.

CRONOLOGIA

ESPAÑA	EUROPA
Concilio de Trento.	Lutero, *Contra el Pontificado.* Copérnico, *De revolutionibus orbium coelestium.*
Muere Francisco de Vitoria. Guerra con los protestantes.	Ferrocarril en las minas alemanas. Muere Lutero. Guerra de Esmalcalda. El portugués Mascareñas descubre las islas de su nombre.
Muere Hernán Cortés. Nace Cervantes.	Muere Enrique VIII. Paulo III traslada el Concilio de Trento a Bolonia.
Nace Francisco Suárez. Dieta de Augsburgo.	Nace Giordano Bruno.
	Rebelión de los campesinos de Norfolk.
Cieza de León, *Crónica del Perú.*	Primer puente colgante conocido en Europa (Palladio). Alza de precios en Europa occidental.
	Los turcos toman Trípoli. Publicación de las bases del protestantismo anglicano (Crammer).
Las Casas, *Brevísima relación de la destrucción de las Indias.* López de Gomara, *Historia general de las Indias,* primera parte, secuestrada.	
Reacción de los tercios de Flandes: Térouanne. Quemado Miguel Servet en Ginebra.	Muere Eduardo VI. María Tudor, reina de Inglaterra. Restauración católica.

CRONOLOGIA

GARAY		AMERICA
1554		Rodríguez de Vergara, en nombre de Irala, funda sobre el Paraná la villa de Ontiveros. Primeras misiones jesuitas.
1555		Primer concilio mexicano. Universidad de Lima.
1556	Ahorcamiento de Martín de Robles. Garay forma parte de la entrada de Núñez de Prado a Tucumán.	Muere Domingo Martínez de Irala.
1557		Ruy Díaz de Melgarejo sustituye Ontiveros por Ciudad Real. Muere el araucano Lautaro. Muere Fernández de Oviedo.
1558		Pérez de Zorita funda Londres (Catamarca).
1559		
1560		Se inicia la conquista de la región de Cuyo. Tristán de Luna explora el litoral de Veracruz a Pensacola.
1561	Coopera con Nufrio de Chaves en la fundación de Santa Cruz de la Sierra. Nombrado regidor.	Pedro del Castillo funda Mendoza. Muere descuartizado Lope de Aguirre.
1562		Destruidas por los indios las ciudades de Córdoba, Londres y Cañete. Los franceses Landomière y Ribault exploran Carolina del Sur y fundan colonias (1562-65).

CRONOLOGIA

ESPAÑA	EUROPA
Felipe II casa con María Tudor y recibe el título de rey de Nápoles. Se imprime *La vida del Lazarillo de Tormes.*	
Paz de Augsburgo.	Juan Gaetano descubre algunas de las islas Hawai. Persecución de protestantes en Inglaterra.
Abdicación de Carlos I y retiro a Yuste. Muere Ignacio de Loyola.	Muere el Aretino. Tregua de Vancelles. Borough descubre el estrecho de Kara.
Batalla de San Quintín.	Inglaterra pierde Calais.
Mueren Carlos I y María Tudor.	Isabel I, reina de Inglaterra. Iván IV el Terrible se apodera de Livonia.
Paz de Château-Cambresis. Autos de fe en Valladolid. Proceso de Carranza.	Primer sínodo calvinista (París).
	Muere Anton Fugger, banquero alemán.
Madrid, capital de los Estados de Felipe II. Nace Góngora.	
Nace Lope de Vega.	Matanza de Wassy.

CRONOLOGIA

GARAY		AMERICA
1563		Por real cédula se modifican las jurisdicciones de las audiencias de los Reyes y de Charcas y se constituye la provincia de Tucumán separadamente de la de Chile.
1564	Contrae matrimonio con Isabel Becerra, en Asunción.	Los hugonotes fundan una colonia en el norte de Florida. Miguel López de Legazpi y Andrés de Urdaneta inician el establecimiento de la vía de navegación Acapulco-Filipinas.
1565		Menéndez de Avila destruye la colonia hugonote. Fundación de San Agustín de la Florida, primera ciudad europea en Norteamérica.
1566	*Exodo al Perú.*	
1567		Juan Ortiz de Zárate, nombrado adelantado del Río de la Plata, cargo que debe ser confirmado por el rey. Diego Losada y Quiroga funda Caracas. Alvaro de Mendaña descubre las islas Salomón. Fundación de Río de Janeiro. Hawkins y Drake son atacados por los españoles en Veracruz.
1568	Por delegación del adelantado Ortiz de Zárate, Felipe de Cáceres lo nombra capitán y gobernador en la custodia de la expedición que regresa al Paraguay. Muerte por los indios de Nufrio de Chaves. Garay es nombrado alguacil mayor de las provincias del Río de la Plata.	

CRONOLOGIA

ESPAÑA	EUROPA
Se inicia la construcción de El Escorial. Muere Diego de Siloé.	Epidemias de la peste bubónica (1563-1566).
Termina el Concilio de Trento. Expedición de Alvaro de Bazán a Mazalquivir.	Nacen Shakespeare, Galiano y Marlowe. Mueren Miguel Angel y Calvino.
	Aparece el lápiz con mina de plomo.
Muere Bartolomé de Las Casas.	Muere Solimán el Magnífico.
Duque de Alba, gobernador de los Países Bajos.	Abdicación de María Estuardo.
Díaz del Castillo, *Historia verdadera de la conquista de Nueva España.* Sublevación morisca. Batalla de Jemmingen.	

CRONOLOGIA

	GARAY	AMERICA
1569		
1570		Melgarejo funda Villa Rica del Espíritu Santo en el Guayrá (varios emplazamientos). Se establece la Inquisición en Lima.
1571		Se establece la Inquisición en Perú. Creado el cargo cronista-cosmógrafo oficial de las Indias.
1572	Depuesto Felipe de Cáceres. Garay hace requerimiento de población para fundar Santa Fe.	Drake ataca las posesiones españolas.
1573	Encuentro con Jerónimo Luis de Cabrera (confluencia de las corrientes colonizadoras de Tucumán y Río de la Plata). Fundación de Santa Fe.	Cabrera refunda Córdoba.
1574	Sabe de la llegada al Río de la Plata del adelantado Ortiz de Zárate. Coopera en la fundación de San Salvador, en el río Uruguay. Nombrado teniente de gobernador y capitán general de todas las provincias del Río de la Plata.	Juan Fernández descubre las islas de su nombre.
1575	Llega con el adelantado Ortiz de Zárate a la Asunción.	
1576	Muere el adelantado Ortiz de Zárate y deja heredera a su hija natural doña Juana. Garay marcha a Tucumán y Perú para tratar en este punto del matrimonio de doña Juana de Zárate	Indios mexicanos diezmados por epidemia.

CRONOLOGIA

ESPAÑA	EUROPA
Juan de Austria envía fuerzas contra los moriscos. Ercilla, *La Araucana,* primera parte.	Comienza la impresión de la Biblia Políglota de Amberes.
Liga Santa.	Pío V excomulga a la reina de Inglaterra.
Batalla de Lepanto. Hernando Colón, *Vida del Almirante.*	Los tártaros saquean Moscú.
Fracaso de la política del duque de Alba en los Países Bajos. Sale de Sanlúcar la flota de Ortiz de Zarate.	Noche de San Bartolomé en París (matanza de hugonotes). Camoens, *Os Lusiadas.*
Juan de Austria conquista Túnez.	Nace Caravaggio.
Pérdida de Túnez.	Muere Carlos IX (Francia).
	Universidad de Leyden.
Juan de Austria, gobernador de los Países Bajos.	Burbage construye el primer teatro de Londres. Rodolfo II, emperador de Alemania. Muere Tiziano.

CRONOLOGIA

	GARAY	AMERICA
1577	Boda de doña Juana de Zárate con Juan de Torres dc Vera y Aragón, en la que Garay testifica.	
1578	Confirmado en sus cargos por el nuevo adelantado Torres de Vera y Aragón. Llega a Asunción y es recibido con todos los honores.	Drake en el estrecho de Magallanes.
1579	Incursiones por el territorio.	Melgarejo funda sobre el río Paraguay la ciudad de Jerez, luego despoblada. Pedro Sarmiento de Gamboa explora el sur americano y levanta mapas del estrecho de Magallanes. Muere Jiménez de Quesada, fundador de Santa Fe de Bogotá.
1580	Motín de Santa Fe provocado por los *mancebos de la tierra*. Fundación de Buenos Aires.	Después de Magallanes/Elcano, Drake da la vuelta al mundo por segunda vez.
1581	Expedición a Mar del Plata.	Esclavos negros son llevados a Florida por primera vez. Martín Henríquez, virrey del Perú.
1582	Recibe real cédula interesándose por un eclipse de luna.	Hernando de Lerma, gobernador de Tucumán, funda Lerma (Salta).
1583	Ultima carta de Garay al rey (9 de marzo). Muerte de Juan de Garay a manos de los guaraníes.	Gilbert trata de fundar una colonia inglesa en Terranova.

CRONOLOGIA

ESPAÑA	EUROPA
El Greco llega a Toledo. Santa Teresa, *Las Moradas.*	
Batalla de Alcazarquivir. Acusación contra Antonio Pérez y la princisa de Eboli. Muere Juan de Austria.	Muere don Sebastian, rey de Portugal.
	Iranda recibe ayuda de Felipe II.
Unión de España y Portugal. Nacen Martínez Montañés y Tirso de Molina.	Montaignes, *Ensayos.* Cortes de Almeirim. Muere Andrés Palladio.
Felipe II, rey de Portugal.	
	Gregorio XIII reforma el calendario.
Preparativos para la invasión de Inglaterra por la Armada Invencible.	

APENDICE

De instituciones, organismos y cargos.– A lo largo de estas páginas hemos venido manejando el nombre de diversos organismos e instituciones jurídicas y administrativas que entendían en el gobierno de las Indias Orientales y los cargos que por delegación del emperador o del rey asumían los conquistadores, cuyo conjunto pertenece al muy complejo aparato organizativo y legal que España desplegó en el control y orden —no siempre a pedir de boca— de su vasto imperio ultramarino.

Es fácil que el lector curioso no tenga constantemente en la memoria las características, alcance y matices distintivos de estas tan mentadas estructuras de gobierno, cargos, nombramientos y responsabilidades políticas que ostentaban los hombres de guerra y exploración y también los burócratas —un maremagnum de capitanes generales, gobernadores, adelantados, virreyes, corregidores, encomenderos, cronistas, consejeros, contratistas, oidores, conquistadores—, por lo que ha parecido oportuno reseñar aquí a título de somera guía y recordatario, ya que incluirlos en la narrativa del texto hubiera sido agobiante, algunos de los principales rasgos en la diagramación administrativa y procedimental del Nuevo Mundo, siempre bajo la suprema potestad del rey, que reinaba, según los cánones de la época, por derecho divino y era el máximo e indiscutible principio legitimador de toda conquista, colonización y aprehendimiento de mercedes.

El Consejo de Indias.– «Después que se hallaron las

Indias *—dice López de Gómara—*, y que comenzaron a descubrir tierra firme, se conoció ser grandísimo negocio, aunque no cuanto ahora es, y procuraron los reyes de gran recuerdo, don Fernando e Isabel, que eran sabios en la gobernación, de encargar de los pleitos y negocios de aquellas nuevas tierras a personas de confianza, que despachasen con brevedad lo que ocurriese. Mas no hicieron cancillería de ello en forma por sí. El que gobernaba todo era Juan Rodríguez de Fonseca, que comenzó a ocuparse de ello siendo deán de Sevilla. (...) Mas como no había personas ciertas, sino que se nombraban los que el rey o sus gobernadores querían, y era necesario estar pendientes de tanta negociación y tan importante, ordenó el emperador don Carlos nuestro señor, el año 1524, un Consejo Real de Indias, que despachase las causas, mercedes y todas las demás cosas de aquellas partes, por sello y registro, conforme al estilo de los otros Consejos de Castilla. Hizo presidente de él a fray García de Loaysa, natural de Talavera, que siendo general de la orden de Santo Domingo, le tomó por confesor suyo, el cual murió siendo cardenal y arzobispo de Sevilla, inquisidor general, comisario general de la Cruzada y presidente de Indias.

En efecto, a semejanza de Portugal, que tuvo su Casa de Indias desde finales del siglo XV, España creó este organismo fiscalizador con la misión de asesorar al rey en todo lo concerniente a las Indias Orientales, nombre con el que se designaba oficialmente la posesión americana. Inició sus actividades en 1511, diecinueve años después del descubrimiento colombino, y se estructuró reglamentariamente en 1524. Por Real Ordenanza de 1571, ya bajo el reinado de Felipe II, adquiere la forma definitiva, nueve años antes de la fundación de Buenos Aires por Garay.

Con poderes legislativos, judiciales y ejecutivos, el Consejo de Indias representó todas las prerrogativas del monarca y a este organismo tenían que rendir cuentas los funcionarios coloniales. Entre sus actividades principales cabe citar la autorización y refrendo de los nombramientos, la promulgación de leyes, la resolución de litigios entre las audiencias y la Casa de Contratación y el estudio de las probanzas de méritos de los conquistadores. El Consejo de Indias intervenía también en la designación de las dignidades religiosas, así como en los juicios de residencia contra los virreyes y otras autoridades.

Formaban parte del Consejo, además del presidente, ocho miembros a los que se les suponía expertos en cuestiones americanas y representativos del principio de la realeza que en las primeras etapas ejercieron los propios conquistadores en calidad de gobernantes eventuales.

Durante el siglo XVIII, el Real y Supremo Consejo de Indias se convirtió en el Ministerio de Indias, afecto al Consejo de Su Majestad y con cierta reducción de sus atributos. Fue suprimido por las Cortes de Cádiz en 1812, año de la Constitución liberal, pero Fernando VII lo restableció hasta 1834. Pasada esta fecha y con la pérdida de la mayor parte de las colonias, fue suprimido definitivamente. Las principales funciones del Consejo de Indias pueden resumirse esquemáticamente en su calidad de tribunal supremo de apelación para todos los pleitos allende el Atlántico y codificador de leyes y reformas.

La Casa de Contratación.– Con sede en Sevilla, la Casa de Contratación rigió las relaciones comerciales entre la metrópoli y las colonias americanas, monopolizando el orden y la cuantía de la producción y las importaciones. Fue creada en 1503 y se compuso en su origen de un tesorero, un factor y un escribano, como entidad subsidiaria del Consejo de Indias. Encauzó el ansia de conocer las particularidades de las nuevas tierras. En 1508 se instituyó el cargo de piloto mayor. Propició la fabricación de aparatos náuticos. La labor cartográfica de la Casa de Contratación de Sevilla (y de Cádiz a partir de 1556) fue muy importante durante el siglo XVI con las actividades cosmográficas de Juan de la Cosa, Americo Vespucio (Amerigo Vespucci), Juan Díaz de Solís y Andrés de Morales, por lo que se entiende que el monopolio ejercido no fue estrictamente comercial, ya que, dentro del concepto patriarcalista y de patrimonio en que la corona tenía a las colonias, propició otras funciones (etnográficas, estadísticas, etc.) y llevó a cabo una política a veces contradictoria entre el mercantilismo y la antropología. Al frente de este organismo figuraron Juan Rodríguez de Fonseca y Lope Conchillos, y se halló en el centro de toda la prosperidad y dinamismo social de la Sevilla del XVI con su tráfago de comerciantes internacionales y viajeros. En 1778 fue declarado libre el comercio entre España y América y de los núcleos coloniales entre sí, lo que vino a beneficiar notablemente la expansión del puerto de Buenos Aires y sus relaciones con Perú y Chile.

La Real Hacienda. – La Real Hacienda representaba a la corona en los referentes financieros como organismo rector de las actividades económicas de las colonias y la fiscalización de inversiones, aranceles y cobranzas. Disponía de un vasto servicio burocrático formado por oficiales reales que actuaban de tesoreros, factores y veedores, bajo la supervisión de las audiencias. Más tarde, con el fin de perfeccionar el sistema y controlar los desórdenes, la Corona acordó la creación de tres tribunales de cuentas, que se organizaron en México, Lima y Santa Fe de Bogotá (1605), para después extenderse a otros puntos.

Las Reales Audiencias. – Las Reales Audiencias eran organismos judiciales y administrativos regidos por un presidente y compuestos por oidores. El número de oidores variaba en función de la importancia jurisdiccional. Santo Domingo, por Real Cédula de 1511, conoció el establecimiento de la primera Audiencia, cuyas características podrían equivaler aproximadamente a un trasplante reducido del Consejo de Indias a las colonias. Las Audiencias se dividieron en virreinales, presidenciales, pretoriales y subordinadas, a tenor de las exigencias gobernativas del lugar de implantación. El presidente y los oidores estaban incluidos en las mismas prohibiciones que afectaban al virrey, entre otras, y para preservar la dignidad del cargo, no adquirir propiedades en el lugar de su ejercicio profesional, no contraer matrimonio, etc.

La Audiencia de Buenos Aires actuó a partir de 1661 bajo el virreinato de Lima. Suprimida en 1671, se restableció ya con carácter de Audiencia pretorial en 1785.

Los virreyes.– En 1542, mientras se hallaba en Barcelona y con objeto de dar cima al cuerpo de leyes y sistemas de gobierno alusivos a las Indias, Carlos I promulgó la ley para crear los reinos (virreinatos) de Nueva España (México) y Perú, que extendieron su autoridad a todos los territorios del Nuevo Mundo bajo dominación hispánica. «Establecemos y mandamos —dice la disposición— que los reinos de Perú y Nueva España sean regidos y gobernados por virreyes que representen nuestra real persona, y tengan el gobierno superior, y hagan y administren justicia.»

Felipe II amplió tales disposiciones en 1588: «Tengan muy especial cuidado en el tratamiento, conservación y aumento de los indios, especialmente del buen recaudo, administración, cuenta y cobranza de nuestra real hacienda.» Breves palabras sin desperdicio alguno.

El virreinato del Río de la Plata fue creado tardíamente en 1776 e incluía las dos bandas del estuario, como es lógico, y Tucumán, Cuyo, Paraguay y Alto Perú, siendo el primer virrey de esta inmensa región Pedro Cevallos.

Como representantes y vicarios, los virreyes eran lo más aproximado al propio rey. El significado de la denominación proviene de la palabra latina pro-reges o vice-reges, virreyes en romance. Al principio esta clase se nutrió en la cantera de los grandes de España, pero luego se impuso el criterio de elegir a los más capacitados.

Juan de Garay pasó a las Indias con el primer virrey de Perú, Núñez de Vela. Al título de virrey se agregó más tarde, en el siglo XVIII, el de capitán general y presidente de la Audiencia. Como ya se dijo respecto a los oidores jurisconsultos, los virreyes tampoco podían adquirir propiedades ni casarse en el lugar de su autoridad y, al término de sus mandatos, eran sometidos a juicio de residencia por cuenta del Consejo de Indias. Tuvieron especial pompa y dignidad, como corresponde al delegado inmediato de la real soberanía en América.

Los adelantados y gobernadores.– El título de adelantado y gobernador indicaba, dentro de la estructura jurídica de la época, que se le confiaba poder extremo, pero no la representación del monarca. Eran, como dice L. A. Sánchez, jefes de hecho, mientras el virrey lo sería de derecho. En los inicios de la conquista delegó el rey su poder en los adelantados y gobernadores, entre otras cosas, porque el tejido administrativo no alcanzaba todos los rincones y, menos, los rincones vírgenes. No obstante, los adelantados estaban fiscalizados por jueces pesquisadores o visitadores con poder superior. Sólo al término de la primera generación de conquistadores, adelantados y gobernadores, sin perjuicio de coexistencia, se halló la metrópoli en condiciones de organizar su imperio ultramarino dentro de las normas jurídicas usuales.

Juan de Garay, como teniente de gobernador, justicia mayor y capitán general del Río de la Plata, fue, por decirlo así, el representante del adelantado de esta zona, cargo que le confirió Juan Torres de Vera y Aragón, último de los cuatro adelantados que tuvo el Río de la Plata.

Las capitanías generales, dependientes del adelantazgo y del virreinato, a veces autónomas, tenían por misión principal la de constituir núcleos de fuerza para luchar contra nativos y prevenir las incursiones corsarias y piratas.

Los encomenderos.– Las encomiendas, práctica de origen castellano trasplantada a las Américas pero con matices peculiares, fueron motivo de apasionadas polémicas sobre su mayor o menor legitimidad y justicia. El encomendero, generalmente como pago a una acción militar y subsiguiente conversión en colonizador, recibía un número de indios para adoctrinarlos en las virtudes del cristianismo y beneficiarse de su trabajo. Los indios no eran propiamente esclavos, pero estaban obligados a pagar tributos, a veces onerosos, y servir militarmente al monarca cuando eran requeridos para ello. Las encomiendas eran vitalicias o por dos o más vidas, lo que significaba que se trasmitía el derecho de posesión a los herederos del encomendero, una herencia viva, y precisamente a Garay le fue negada esta merced. Las Nuevas Leyes de Indias de 1542 iniciaron la derogación de las encomiendas, conocidas también por repartimientos, aunque no eran exactamente iguales.

Los corregidores.– Las corregidurías se establecieron en las Indias a partir de 1531 y tenían por cometido principal corregir las exacciones de los encomenderos y controlar el alzamiento en rebeldía de los propios españoles. Los corregidores han pasado a la historia con fama de haber cometido muchos abusos. En 1783 quedaron sustituidos por las Intendencias.

El cronista oficial de Indias.– Para dictaminar correctamente en los anchurosos problemas de toda índole que generaba la extensión de los descubrimientos de tierras desconocidas se requería abundante material informativo, descripciones, mapas, costumbres, razas, plantas, fauna, estadísticas y, en suma, relaciones exhaustivas de cosas y gentes, por lo que se creó en 1571 el cargo de Cosmógrafo Cronista oficial de Indias, que fue atribuido en primer lugar a Juan López de Velasco, colaborador del reformista del Consejo de Indias, Juan de Ovando. La número 119 de las Ordenanzas Reales del Consejo de Indias decía: «Y porque la memoria de los hechos memorables y señalados que ha habido y hubiere en las Indias se conserve, el Cronista Cosmógrafo de Indias vaya siempre escribiendo la historia general de ellas con la mayor precisión y verdad que ser pueda, de las costumbres ritos, antigüedades, hechos y acontecimientos que se entendieren por las descripciones, historias y otras relaciones y averiguaciones que se enviaren a nos en el Consejo; la cual historia esté en él sin que de ella se pueda publicar ni dejar leer más de aquello que a los del Consejo pareciese que sea público.» Como se ve, quedaba preservado el «secreto de Estado». Velasco llegó a escribir una *Geografía y descripción universal de las Indias,* pero los cronistas oficiales más importantes son, entre otros, Antonio de Herrera y Francisco López de Gómara. La *Historia general de los hechos de los castellanos en las islas y Tierra Firme del mar océano,* que hoy conocemos por las *Décadas,* tardó Herrera en escribirlas diecinueve años y están inspiradas en cronistas anteriores. La primera parte de la obra de López de Gómara conoció el secuestro real y la prohibición, no imprimiéndose libremente hasta 1727. De cualquier forma, esta inquietud por saber, de inspiración soberana, excedió con creces el mero interés de gobierno y económico. Hoy puede decirse que en el orden cultural España cumplió con sus responsabilidades descubridoras, y de esto fueron artífices eminentes los historiadores primitivos de Indias.

INDICE

	Pág.
Fundación de Buenos Aires	9
Formación	11
El rumbo de las Américas	19
Vida modesta y oscura	27
Intrigas eclesiásticas	41
Inesperada competencia	51
Destino: La Plata	67
Otras expediciones	83
Fundación de Buenos Aires	95
Motín de Santa Fe	107
Muerte de Garay	115
Bibliografía	129
Cronología	130
Apéndice	145